BIENVENIDA A
PROVENZA

Senderismo en el Parque Nacional de Port-Cros.

Cuando llega el momento de irse de vacaciones, cuando se busca pasarlo bien en verano, cuando se anhelan experiencias nuevas y originales, y cuando se añoran parajes bañados por un cálido sol, Provenza es el destino obvio. Una región que te hace sentir bien nada más poner un pie en ella. En un momento en que la ecorresponsabilidad nos impulsa a replantearnos nuestra forma de consumir y viajar, (re)descubrir estas regiones es la opción más evidente. Unas horas en tren o en coche y la belleza del Mediterráneo queda al descubierto, desde las estribaciones del monte Ventoux hasta el grácil relieve del Luberon, pasando por el verde departamento de Var y la Camarga del Salvaje Oeste francés. La Toscana, las playas griegas y Sierra Nevada se combinan con la generosidad meridional para crear el cóctel perfecto. Echa un vistazo a nuestras visitas imprescindibles y conoce a los hombres y mujeres de la Provenza (marselleses, aixois, alpinos, vauclusiens y varois) que hacen brillar esta encantadora región. Raíces arraigadas, tradiciones más vivas que nunca, un destino volcado hacia la modernidad, una cocina atrevida y siempre suculenta, días bañados por el sol tanto en verano como en invierno: así es la Provenza. Disfruta de tu estancia en el sur.

Mercado de pescado en el puerto de Marsella.

ÍNDICE

© MARAK085 – STOCK.ADOBE.COM

Calanque de Port-Pin.

Calle en cuesta de Mougins.

■ INFO PRÁCTICA ■

GRATIS **ESTA GUÍA EN FORMATO DIGITAL**
Código de descarga en la página 103

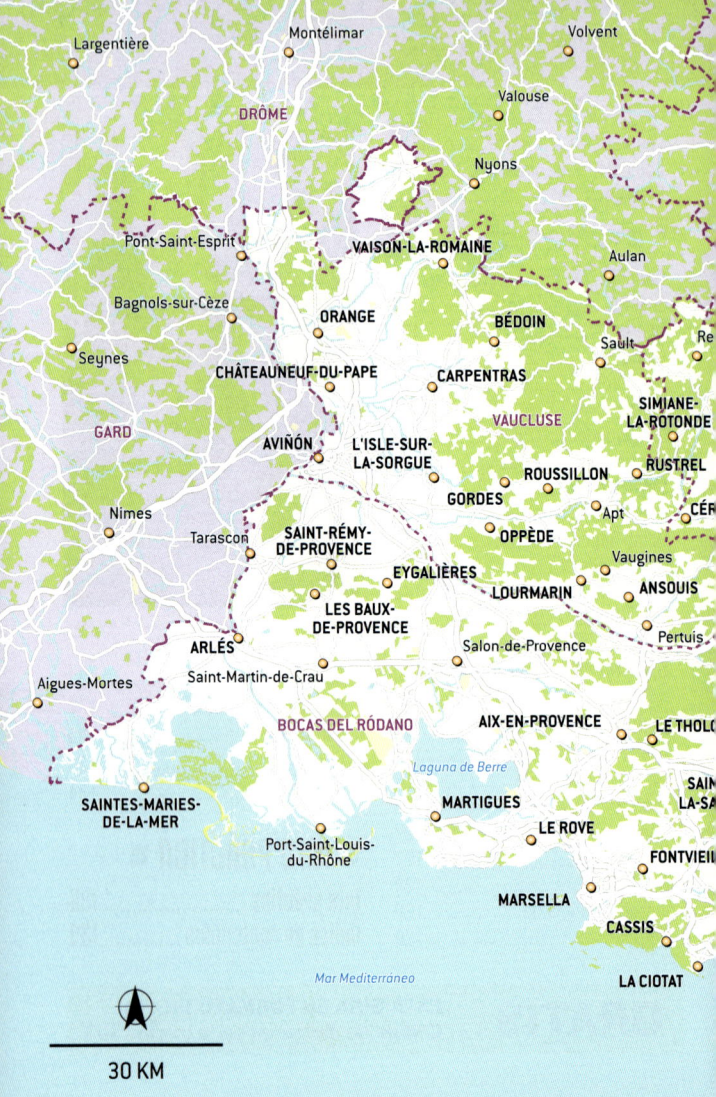

Calanque de Sugiton.

DESCUBRE

ALPES DE ALTA PROVENZA ⭐⭐⭐

Ciudadela de Sisteron

■ **CIUDADELA DE SISTERON**
Montée de la Citadelle, Sisteron
☎ 04 92 61 27 57
www.citadelledesisteron.fr

Entre los antiguos condados de Provenza y Dauphiné, la ciudadela se alza en lo alto y controla el paso hacia el valle del Durance gracias a sus murallas, sus bastiones y su torreón. Se alza sobre la ciudad de Sisteron desde lo alto de la roca en la que se encuentra. No queda rastro de sus habitantes originales, los sogiontii, una pequeña tribu de la poderosa federación de los voconcios que Augusto sometió en el 27 a. C., ni de su *oppidum*. El castro romano que se construyó posteriormente no corrió mejor suerte.

Del siglo V al XVII, la ciudad de Sisteron sufrió constantes ataques, de ahí la decisión, tomada en 1372 por el Ayuntamiento, de protegerla con un recinto adornado con poderosas torres. Pero cuando las guerras de religión asolaron la Provenza, la ciudad quedó reducida a escombros. Jehan Erard, ingeniero militar de Enrique IV, emprendió las obras de reconstrucción entre 1590 y 1597, e ideó un sistema de fortificaciones en dientes de sierra. Esta obra fue perfeccionada por Vauban en 1692. Sin embargo, más adelante la ciudadela resultó dañada durante un bombardeo el 15 de agosto de 1944.

Hoy en día, admirablemente restaurada y, te invita a visitarla siguiendo su recorrido con una audioguía que relata su prestigiosa historia en seis idiomas diferentes. También hay un recorrido lúdico para niños donde pueden descubrir el monumento a través de puzles adaptados a su edad, además de tener un museo con una sala dedicada al regreso de Napoleón de Elba.

Ciudadela de Sisteron.

FICHA TÉCNICA DE PROVENZA

▶ **Población:** 3 900 000 habitantes.

▶ **Densidad:** 184 habitantes/km².

▶ **Superficie:** 21 235 km².

▶ **Prefecturas:** Marsella, Digne-les-Bains, Tolón y Aviñón.

▶ **Subprefecturas:** Barcelonnette, Castellane, Forcalquier, Aix-en-Provence, Arlés, Istres, Brignoles, Draguignan, Apt y Carpentras.

▶ **Número de municipios:** 621.

▶ **Departamentos que lo componen:** Alpes de Alta Provenza, Bocas del Ródano, Var, Vaucluse.

▶ **Punto más alto:** la aguja de Chambeyron en los Alpes de Alta Provenza (3412 m).

▶ **Principales ríos:** Durance, Ródano, Verdon.

DESCUBRE

Gargantas del Verdon

■ **GARGANTAS DEL VERDON**
Moustiers-Sainte-Marie
www.lesgorgesduverdon.fr

Al norte de la Provenza Verde, entre los municipios de Castellane y Moustiers-Sainte-Marie, las gargantas del Verdon constituyen el cañón más grande de Europa. Estas inmensas gargantas separan los Prealpes de Castellane de los Prealpes de Digne y son el resultado de la erosión del río Verdon, que nace a 2819 metros en el Col d'Allos y se extiende 175 kilómetros. Además de un río tumultuoso, este lugar presenta gigantescos acantilados calcáreos. Su altura oscila entre los 250 y 700 metros y su anchura va de los seis a los 100 metros, e incluso de los 200 a los 1500 metros en la cima de las gargantas. En medio de espacios naturales protegidos ricos en flora y fauna, el Verdon presenta múltiples facetas: pasa de un aire reparador y serpente por las impresionantes gargantas de aguas blancas y burbujeantes, a tranquilo y sereno al llegar a uno de sus cuatro lagos (Esparron, Quinson, Sainte-Croix y Castillon), cuyas aguas imperturbables y tranquilas son perfectas para un chapuzón. El lago de Sainte-Croix es el más popular por el increíble color esmeralda de sus aguas debido a la presencia de microalgas en suspensión. Nace en el Col d'Allos y recorre 175 kilómetros. El lago es uno de los lugares de baño más populares de las gargantas del Verdon y también se utiliza para generar energía hidroeléctrica y para el riego.

▶ El Verdon es un lugar privilegiado para todo tipo de actividades de ocio, pero lo que triunfa son los deportes acuáticos: piragüismo, kayak, rafting e incluso hidrospeed; tanto si te gustan las emociones fuertes como si prefieres relajarte en un entorno natural único, tiene dónde elegir entre los lagos y los cañones. La escalada es otro deporte muy practicado en las gargantas del Verdon. Con 2500 vías, es uno de los lugares preferidos por los escaladores de todo el mundo. La escalada se practica en las gargantas desde finales de los años 1960, pero hoy en día las vías se han adaptado y algunas se han cerrado para preservar la fauna, en particular los buitres leonados y negros, reintroducidos hace unos años, que anidan en los acantilados. Otra actividad popular en las gargantas es el senderismo. Hay que decir que, con su excepcional entorno natural, el lugar es perfecto para la práctica de esta actividad. Tendrás que elegir entre senderos de alta montaña, que ofrecen unas vistas panorámicas excepcionales, o caminos a orillas de los lagos de lo más relajantes. El sendero Imbut es uno de los más famosos. Hay que estar en buena forma física y bien preparado, ya que aunque tiene algo menos de 10 km, se tardan unas cinco horas en recorrerlo. La ruta comienza en el albergue Des Cavaliers, en Aiguines, y desciende hasta la playa de Baou Béni. Te encontrarás en el corazón de las gargantas del Verdon rodeado de un paisaje excepcional. Pero ten cuidado: uno de los tramos está cerrado por peligrosidad, las rocas pueden ser resbaladizas (esta ruta no está recomendada para menores de 12 años) y el recorrido puede dar impresión a las personas que tengan vértigo. Para pasear, mejor optar por el sendero que lleva a la capilla de Notre-Dame du Roc. Comienza en el aparcamiento de la piscina de Castellane y conduce, como su nombre indica, a la capilla de Nuestra Señora de la Roca. Este edificio, cuya arquitectura actual data de 1876, fue construido originalmente en 1703 sobre las ruinas de una capilla del siglo IX. La capilla se encuentra a 903 metros de altitud y se puede llegar a ella en cuarenta minutos por un sendero desde el que se divisa unas preciosas vistas panorámicas de Castellane. No te olvides el agua y la crema solar. Por último, a los amantes del deporte les encantará la ruta «Plein Voir par le col de l'Âne». Desde el mirador de Plein Voir, podrás disfrutar de unas vistas únicas del encuentro de las gargantas con el lago de Sainte-Croix, desde el aparcamiento de Félines, en Moustiers-Sainte-Marie. Para hacer las rutas con seguridad, es esencial mantenerse dentro de los senderos señalizados. Así evitarás perturbar a la fauna y la flora.

▶ El conjunto del Parque Natural Regional del Verdon alberga un tercio de la flora de Francia y la fauna también presenta una gran diversidad con sisones, buitres, lagartos ocelados —los más grandes de Europa— y una veintena de especies de murciélagos... La zona cuenta con una impresionante riqueza natural, reflejo de sus influencias alpinas y mediterráneas.

▶ Las gargantas del Verdon también pueden recorrerse a través de los distintos pueblos. No te pierdas Moustiers-Sainte-Marie, catalogado como uno de los pueblos más bonitos de Francia, y Aiguines, que se alza sobre el lago Sainte-Croix y ofrece unas vistas espléndidas. También puedes hacer una parada en Rougon, una zona de obligada visita para la observación de buitres, y en Entrevaux, por su patrimonio. Fortificado por Vauban a finales del siglo XVII, Entrevaux posee una catedral de la misma época y una

© IVICA DRUSANY - SHUTTERSTOCK.COM

DESCUBRE

Gargantas del Verdon.

ciudadela accesible por un camino en la ladera. También cabe destacar Quinson, a la entrada de las gargantas bajas del Verdon, por su lago y su interesante museo de prehistoria, uno de los más ricos de Europa. El museo recorre la historia humana de la Provenza desde el Paleolítico inferior hasta la Edad de los Metales, y también podrás ver asentamientos reconstruidos a partir de datos arqueológicos. Por último, los pueblos de Saint-Julien-du-Verdon, Rougon y La Palud-sur-Verdon, situados en lo alto de las colinas, también son lugares bonitos para hacer una parada y disfrutar de las vistas sobre las gargantas.

BOCAS DEL RÓDANO ★★★★

Macizo de las Calanques

El famoso macizo de las Calanques, cerca de Marsella, se extiende desde Callelongue hasta Cassis, y merece la pena recorrerlo siguiendo el sendero GR-98b, creado en 1973, o por mar desde Cassis. Formado por paredes infranqueables que siguen estrechas y vertiginosas calas, este macizo calcáreo debe su forma actual a la subida del nivel del mar hace 10 000 años, al final de la Edad de Hielo. Tras el Bec de Sormiou (donde se descubrió la cueva de Cosquer y sus pinturas rupestres en 1991) y el cabo Morgiou, descubre, por ejemplo, la Calanque de Sugiton, o la más bella de todas, la Calanque d'En-Vau, donde los acantilados de roca roja, adornados con pinos, se asoman a unas aguas de una pureza absoluta. Es el lugar perfecto para detenerse a nadar. Si tienes suerte, podrás avistar un águila perdicera, emblema del lugar… Tras pasar por Port-Pin, terminarás tu periplo en la Calanque de Port-Miou, donde las pequeñas embarcaciones y los veleros se mecen con la brisa. Toda esta belleza natural está ahora protegida por el primer parque nacional periurbano, marítimo y terrestre de Europa, creado en 2012. Este excepcional patrimonio natural cuenta con una notable biodiversidad, con no menos de 140 especies animales y vegetales registradas en tierra, así como sesenta especies marinas. Si te gusta el submarinismo, podrás admirar los fondos marinos que se engalanan de rojo y amarillo, los colores del coral, y las gorgonias que recubren las rocas donde se pueden observar caballitos de mar, fredis y erizos diadema.

Les Baux-de-Provence

No cabe duda de la vocación defensiva de Les Baux-de-Provence. El pueblo vigila el valle y sus alrededores desde lo alto de su nido de águila. Este centinela vigilante, situado en el corazón del Parque Regional de los Alpilles, protege la región desde hace siglos. Pero hoy en día ya no busca rechazar a los extranjeros, sino todo lo contrario. De hecho, Les Baux-de-Provence se ha convertido en un modelo turístico para la región. Las tiendas y tenderetes salpican las calles empedradas y las callejuelas que suben hacia el castillo. Se han rehabilitado los edificios manteniendo el carácter de su construcción original, de modo que cada piedra está en su sitio, y reina en el pueblo un ambiente permanente de fiesta medieval. El aire está perfumado con lavanda, jabón y el dulce aroma de los caramelos. Los restaurantes están ahí para llenar el estómago, y las exposiciones de arte y los monumentos históricos, para alimentar el espíritu.

 **VAR**

Abadía de Le Thoronet

■ **ABADÍA DE LE THORONET** ★★★★
RD-79
Le Thoronet
☎ 04 94 60 43 90
www.le-thoronet.fr

La abadía de Thoronet es el lugar más visitado de Var. Junto con las otras dos abadías cistercienses de la Provenza, Sénanque y Silvacane, forma el trío al que se le ha otorgado el bonito nombre de «nuestras pequeñas tres hermanas provenzales». Fue en 1146 cuando unos monjes que venían de Tourtour en busca de agua descubrieron este lugar. La regla de san Benito les obligaba a vivir en un estado de humildad, pobreza y equilibrio entre el trabajo y la oración. Los cistercienses buscaban el silencio, trabajaban con las manos y cultivaban la vid y el olivo. A partir del siglo XIV, las reglas se hicieron más laxas y el número de monjes disminuyó. Durante la Revolución, fueron expulsados y la abadía quedó abandonada. Los aldeanos la usaron como cantera de piedra, en busca de materiales para construir sus casas. Prosper Mérimée salvó la abadía al denunciar su estado al arquitecto responsable de los Monumentos Históricos.

© JUAN CARLOS MUÑOZ - SHUTTERSTOCK.CM

Abadía cisterciense de Le Thoronet.

Su declive se detuvo y comenzó la restauración. Algunos edificios han desaparecido por completo, como la cocina, el scriptorium y el refectorio de los monjes. Afortunadamente, muchas de las estancias siguen intactas y visitarlas permite a los curiosos hacerse una idea de cómo vivían los monjes.

▶ **Iglesia.** Construida en estilo románico con piedra caliza local, presenta una fachada sobria y sencilla acorde con la búsqueda de austeridad de los cistercienses. Tiene forma de cruz latina y una nave de cuatro tramos. La nave tiene unas dimensiones modestas, con una longitud de 40 m y una anchura de 20. Está cubierta con bóvedas de cañón (o de medio cañón en las naves laterales).

▶ **Claustro.** Es uno de los claustros cistercienses más antiguos que se conservan intactos: su construcción se estima en el año 1145. Es el corazón del conjunto monástico y une los diferentes edificios. Sus cuatro galerías enmarcan un jardín cuya calma favorece la meditación y la oración. Destacan las arcadas de la galería sur, características del arte románico cisterciense, mientras que las de la galería norte tienen capiteles decorados con hojas de acanto y con frondas, típicos del periodo gótico. Cerca de la galería norte, en el jardín interior del claustro, hay un pequeño pabellón dedicado al aseo de los monjes. El *lavatorium*, una pila hexagonal de piedra alimentada por dieciséis bocas, servía para las abluciones de los monjes.

▶ **Sala capitular.** La sala capitular, elemento esencial de la vida monástica, domina la galería oriental del claustro. Está cubierta por seis arcos cruzados que descansan sobre dos columnas en el centro. Los monjes se reunían aquí todos los días para la sesión capitular con la lectura de la regla de san Benito y luego el capítulo de la culpa, durante el cual, sentados en escalones de piedra frente al abad, confesaban sus faltas y pedían penitencia. También era en esta sala donde se tomaban las decisiones importantes del monasterio.

▶ **Bodega**. Situada en la prolongación de la galería occidental del claustro, la bodega tiene forma rectangular y cuenta con una maqueta de la abadía, que ayuda a comprender la disposición de los edificios monásticos. Los monjes guardaban aquí los alimentos. También se pueden contemplar la almazara y los lagares, construidos mucho más tarde para extraer el vino.

▶ **Dormitorio de los monjes**. Ocupa toda la parte superior del edificio de los monjes y comunica directamente con la iglesia. Cubierto por una larga bóveda de cañón, posee numerosas ventanales que dejan pasar la luz. Inicialmente comunitario. A finales de la Edad Media se reorganiaron en celdas.

© TA PHOTOGRAPHY - SHUTTERSTOCK.COM

Abadía de Thoronet.

La abadía es el ejemplo más bonito de arquitectura románica provenzal en su apogeo por la armonía de sus proporciones, el equilibrio de sus masas y la forma tan perfecta en la que encajan las piedras cuidadosamente ensambladas. La forma trapezoidal del claustro ha suscitado muchas preguntas: ¿es una simple adaptación a la topografía del terreno o se trata de una configuración cargada de símbolos, un significado esotérico?

La iglesia posee una acústica excepcional, adaptada para realzar la voz humana y la resonancia del canto gregoriano. El sonido se transmite de un extremo a otro sin pérdidas ni distorsiones.

Durante el festival Résonances Grégoriennes, la iglesia abacial acoge conciertos excepcionales, así como un taller de iniciación al canto gregoriano. A lo largo del año, se celebran diversos actos y actividades en la abadía de Thoronet: conciertos a capela, fiestas navideñas, demostraciones, talleres para niños, mercado de artesanía, exposiciones de arte, etc. Y se organiza un programa de exposiciones variadas, así como eventos musicales.

Y para descubrir la abadía de forma lúdica, se ha creado una búsqueda del tesoro para niños. Se trata de un recorrido lúdico que les invita a explorar las diferentes partes de la abadía y a responder a preguntas a medida que avanzan. Es perfecto para hacer más accesible un tema que no siempre interesa a los más pequeños. También existe una versión más compleja del juego para adultos. Visita la página web oficial para descargar gratuitamente las fichas (solo en francés).

DESCUBRE

Vista de Saint-Tropez y su famoso campanario, que domina la ciudad.

Saint-Tropez

Se trata de un pequeño y tranquilo pueblo en invierno que, en verano, se convierte en un popular destino turístico de la alta sociedad; así de grande es el asombroso contraste de esta localidad que tantas veces se ha retratado en la gran pantalla. Los grandes yates se codean con los barcos de pesca, los coches pequeños aparcan sin pudor junto a las grandes berlinas... En resumen, Saint-Tropez se convierte durante el verano en el centro de la fiesta. Lo que no cambia son las playas de arena fina, las pequeñas calas resguardadas y la simpatía de los pescadores —aún quedan algunos— que venden su pescado en el puerto o las estrechas calles empedradas que sumergen al visitante en otra época.

VAUCLUSE ★★★★

Palacio de los Papas de Aviñón

 **PALACIO DE LOS PAPAS** ★★★★
Place du Palais des Papes
Aviñón
☏ 04 90 27 50 00
www.palais-des-papes.com

El palacio de los Papas, con su aspecto de fortaleza, se alza orgulloso a las puertas de la Provenza, donde el Ródano se encuentra con el Durance. Con más de 650 000 visitantes al año, es uno de los diez monumentos más visitados de Francia. Auténtico símbolo de la influencia de la Iglesia en el Occidente cristiano del siglo XIV, esta obra maestra monumental de 15 000 metros cuadrados es la mayor fortaleza de la Edad Media y el mayor palacio gótico de Europa. Fue declarado Patrimonio de la Humanidad por la Unesco en 1995.

Monte Ventoux

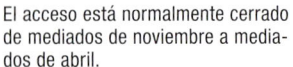

■ **MONTE VENTOUX** ★★★★

El acceso está normalmente cerrado de mediados de noviembre a mediados de abril.

Con 1910 metros de altitud, su sobrenombre de «Gigante de Provenza» está más que justificado. Clasificado como Reserva de la Biosfera por la Unesco, al igual que 35 municipios de los alrededores del macizo, las laderas del monte Ventoux reúnen todos los climas, del mediterráneo al alpino, creando una extraordinaria riqueza de flora y fauna. Por ejemplo, según la estación y la altitud, se puede descubrir la *Iberis de Candolle,* flor endémica que crece en el canchal de la cumbre de junio a agosto, la magnífica amapola ártica (en julio), el rarísimo lirio martagón en la ladera norte a finales de verano, o la nivéola de

Fabre, que solo se encuentra en la ladera sur (solo florece durante una semana a principios de mayo).

Lugar único, esta majestuosa pirámide blanca, azotada por los vientos durante dos tercias partes del año, es recorrida por miles de ciclistas que se lanzan a la conquista de sus laderas, intentando repetir las hazañas de los legendarios escaladores del Tour de Francia. Una vez en la cima, sus esfuerzos se ven ampliamente recompensados: en un día despejado, desde el *monte pelado* se puede contemplar, a vista de pájaro, toda la Provenza, desde los Alpes hasta el Mediterráneo, pasando por el Macizo Central y las Cevenas.

Con 12 kilómetros de pistas de descenso y 7 kilómetros de esquí de fondo, la estación de Mont Serein ofrece el placer único de esquiar bajo el sol del mediodía. Infórmate en las oficinas de turismo de Carpentras, Sault, Bédoin o Malaucène sobre las diversas actividades pensadas para las familias, tanto en invierno como en verano.

Monte Ventoux.

NATURALEZA

De norte a sur, de este a oeste, la Provenza ofrece multitud de paisajes de postal. Montañas, colinas, bosques, mar: la diversidad de los parajes, modelados por el tiempo pero también a veces por el hombre, hace que a los pocos kilómetros se tenga la impresión de haber cambiado de región. De las escarpadas cumbres del Ventoux a las boscosas estribaciones del Luberon pasando por los interminables campos de lavanda de las altas mesetas y las calas caribeñas de la Costa Azul, cada excursión es diferente.

GEOGRAFÍA

Clima

▶ **Temperaturas medias:** la región es a la vez cálida y fresca, con dos climas: el de mar y el de montaña. El clima mediterráneo se caracteriza por un excelente tiempo de insolación, un verano muy seco y precipitaciones irregulares concentradas en un número reducido de días. Y el de montaña por precipitaciones más abundantes y mucho sol en invierno. En comparación con las llanuras, aquí las temperaturas son de media seis grados más bajas. Por ejemplo, la temperatura media anual en Tolón es de 15,9 °C (23,9 °C en julio, 9,3 °C en enero) y en Manosque de 12,6 °C (22 °C en julio, 4,5 °C en enero).

▶ **Sol:** la región goza de uno de los mejores tiempos de insolación de Francia. Por ejemplo: 2857 horas de sol de media en Marsella, 2896 horas en Aviñón, 2868 horas en Manosque y 2899 horas en Tolón.

▶ **Viento:** el principal viento es el mistral, que puede alcanzar rachas superiores a los 110 km/h. Viento predominante del noroeste, sigue al Ródano como atraído por el sur, después rodea la Provenza media y se dirige hacia el este dejando a un lado la Costa Azul. Tiene su propio ritmo y sopla durante un número de días múltiplo de tres, a menos que se levante por la noche. En la región de Aviñón, la más afectada, sopla entre 120 y 160 días al año, con una racha media de 90 km/h.

Relieve

Paisajes característicos

No hay una sola Provenza, sino muchas. La región de Marsella es la de Pagnol, la de las colinas de La Treille bajo el majestuoso Garlaban. Junto al Mediterráneo encontramos las calas y sus escarpados acantilados entre Cassis y Marsella. Por lo que respecta a la Côte Bleue, hallarás playas de arena rodeadas de pinos a lo largo de sus caminos. Se encuentra en las proximidades de Carry-le-Rouet y de los pequeños puertos pesqueros familiares de los alrededores.

Cruza la laguna de Berre y estarás de camino a Arlés, capital de la Camarga. Esta es otra Provenza: la Provenza de Frédéric Mistral, la de La arlesiana, la de la belleza local para la que siempre hubo esperanza. A poca distancia, bajo un sol abrasador, nos adentramos en la tierra de *Crin Blanca*. Más al norte, se llega a la cadena montañosa de los Alpilles, la misma región que inspiró a pintores como Van Gogh, al Val d'Enfer con su castillo en ruinas de Les Baux-de-Provence, a Saint-Rémy y sus cipreses que se encrespan en el cielo azul los días que sopla el mistral...

No tardarás en llegar a las puertas de Aviñón y sus murallas rodeadas por el Ródano, que datan de la época en que los Papas la convirtieron en su hogar. Sigue por las pequeñas carreteras que se dirigen al sur por el Luberon: tierra ocre, colinas áridas pobladas de *bories* (pequeñas cabañas) de piedra seca, tierra de fiestas estivales... Poco después de atravesar el río Durance, verás el monte Sainte-Victoire, tan querido por el pintor Cézanne. Fue a sus pies, en Vauvenargues para ser exactos, donde Picasso decidió pasar los últimos días de su vida.

Aix-en-Provence, la preciosa ciudad del rey René, seduce con sus fuentes arrulladoras y sus plataneros centenarios; ciudad de agua y ciudad de arte, es una de las villas con más encanto de Francia. No has llegado al final del viaje, aún te quedan los pueblos de las colinas del Var, las abadías, las penínsulas cubiertas de viñedos, la región de Manosque y Forcalquier, donde los húsares trepan por los tejados... Esta es la Provenza de Giono, el escritor de la naturaleza por excelencia, el hombre que tan bien supo retratar a sus gentes de la tierra.

También están los valles de Ubaye y las montañas cercanas de los Alpes de Alta Provenza.

Ríos y valles

Desde los comienzos de la historia, los ríos Durance y Ródano, a pesar de sus vaivenes y fuertes corrientes, han permitido a la Provenza desarrollar una economía floreciente.

▶ **El Durance.** Nace en los Altos Alpes, por encima de Briançon, atraviesa el departamento de los Alpes de Alta Provenza en toda su longitud y llega al punto conocido como «Cadarache» tras haber recibido numerosos afluentes, entre ellos el Verdon, y haber recorrido 280 kilómetros. Su lecho, un vasto campo de piedras, varía entre 2000 y 500 metros.

▶ **La esclusa de Mirabeau.** A lo largo de los siglos, numerosos autores han descrito el carácter torrencial del río y establecieron para siempre su mala reputación. Un antiguo dicho decía: «el mistral, el Parlamento y el Durance son las tres plagas de la Provenza». Mucho después de la Revolución, el río fue domado gracias a la colosal presa de Serre-Ponçon y se utilizó como vía de comunicación hasta mediados del siglo XIX.

Mesetas

Decenas de miles de hectáreas de aluvión depositado por los ríos a una altura de 500 m en 800 km² comprenden la meseta de Valensole (Alpes de Alta Provenza). Aquí crecen robles pubescentes al norte, mientras que las encinas prefieren una altitud más baja. Todavía quedan algunos almendros en la linde de los campos. Los cultivos de cereales

© JACKF – STOCK.ADOBE.COM

Lago de Serre-Ponçon.

que lo convirtieron en el «granero de la región» se están sustituyendo actualmente por el lavandín.

La meseta de Albion, a caballo entre tres departamentos (Vaucluse, Drôme y Alpes de Alta Provenza), se hizo famosa en los años 1960 por la construcción de la base aérea 200 y sus 18 silos de misiles nucleares. La base aérea 200 pasó a llamarse «Sector Mariscal Koenig» y actualmente alberga a mil legionarios. La Oficina Nacional de Estudios e Investigaciones Aeroespaciales también ha instalado un sistema de vigilancia por satélite. Conocida también por su cultivo de lavanda, la meseta de Albion se dedica principalmente a la agricultura (miel, escanda, ganadería caprina y ovina) y al turismo (acampada verde, senderismo, ruta de la lavanda, etc.). La meseta de Canjuers, al sur de las gargantas del Verdon (Var), alberga desde 1970 el campamento de Canjuers, gestionado por el Ejército de Tierra francés.

Llanuras

El condado Venesino, llamado con acierto «los jardines de la Provenza», es una amplia llanura donde abundan los huertos, los viñedos y las hortalizas. Está rodeado por los ríos Ródano y Durance, el monte Ventoux, el macizo de Les Dentelles de Montmirail y los montes de Vaucluse.

La llanura de Crau es una planicie rocosa y desolada que ocupa más de 20 000 hectáreas. En la linde de esta llanura se extiende la Camarga, de 750 km², resplandeciente por el reflejo de los flamencos rosas que ocupan sus estanques y donde toros y caballos blancos retozan en grandes manadas.

Cumbres y puertos

En los Alpes de Alta Provenza, las estribaciones alpinas se elevan hasta los 3000 metros. Aquí se encuentra una de las carreteras más altas de Europa: la carretera departamental D-64, que alcanza una altitud de 2802 metros sobre el desfiladero de la Bonette (2715 m). En la región de Bocas del Ródano se hallan los Alpilles, pequeñas montañas áridas que no superan los 500 metros. Más al sur se alza la cordillera de Trévaresse, que alberga viviendas trogloditas y una capilla templaria. Se extiende a lo largo de 15 km entre Lambesc y Venelles. Su altitud media oscila entre 350 y 400 m y su punto más alto alcanza los 502 m. El monte Sainte-Victoire, tan apreciado por Cézanne, se eleva hasta los 1011 m. La cadena montañosa de L'Étoile, que domina el horizonte de Marsella hacia el noreste, se eleva 779 m sobre el nivel del mar. Y por último, el macizo de Sainte-Beaume, cuyos dos picos más altos son el Joug de l'Aigle y el Signal des Béguines, que se elevan a 1148 m. En Vaucluse, el monte Ventoux (bautizado con acierto como el «gigante de la Provenza» o monte Calvo), con su cumbre blanca y desértica, se eleva hasta los 1911 m. Y el macizo del Luberon alcanza los 1125 m de altitud (la cima Mourre Nègre).

En Var, los macizos de Maures y Estérel, con 771 y 618 m de altitud respectivamente, reflejan en las aguas del Mediterráneo los tonos esmeralda de sus bosques de pinos y alcornoques y el amarillo luminoso de sus enormes mimosas.

Volcanes

Aunque sí se formaron volcanes a medida que Córcega se desplazaba hacia el sureste, no esperes ver grandes cráteres. El pueblo de Evenos, en el departamento de Var, está construido sobre un pico volcánico. Encontramos otro vestigio de volcáico en Beaulieu, cerca de Aix-en-Provence, cuyo cráter destaca por albergar viñedos.

Cuevas y simas

La cueva de Thouzon, también conocida como la cueva de las Hadas, se encuentra en Vaucluse. Las calas rocosas están llenas de cuevas, algunas de más difícil acceso que otras. Una de las más conocidas es la cueva del Cosquer.

Bosques y arboledas

Los bosques de la Provenza cubren el 35 % de la superficie de la región y están formados por árboles de hoja caduca, resinosos y coníferas. El roble y el pino son las dos especies más comunes. Entre los principales bosques están los del Luberon (250 ha), los Maures (100 000 ha), el monte Ventoux y Tanneron, en Var. Pero resaltamos dos bosques atípicos de la Provenza: el hayedo de Sainte-Baume y el bosque de cedros del Luberon.

Lagos

▶ **Lago de Serre-Ponçon,** situado en la frontera entre los departamentos de los Altos Alpes y los Alpes de Alta Provenz, es el segundo lago artificial más grande de Europa en capacidad (1272 millones de metros cúbicos) y el tercero en superficie (28,2 km²).

▶ **Lago de Berre** (Bocas del Ródano) es la mayor extensión de agua salobre de Europa, con 20 km de largo y 16,5 km de ancho, al oeste de Marsella.

▶ **Lago de la Bonde** (Vaucluse) es la mayor superficie de agua del Luberon. Además de nadar, se puede navegar en canoa, pescar o navegar en patín acuáatico.

▶ **Lago de Sainte-Croix** (Var) se halla al pie de las gargantas del Verdon. Tiene una superficie de 2200 hectáreas. Enclavado en un magnífico paisaje, se ha convertido en una atracción turística.

▶ **Lago de Vaccarès,** de más de 6500 hectáreas, es el mayor de todos los lagos de Camarga. Su profundidad de menos de dos metros lo convierte en el lugar ideal de descanso y alimentación de las aves migratorias y en el hogar de los flamencos rosas.

Marismas

▶ **Marismas de Vigueirat.** Este espacio natural protegido entre el Gran Ródano y la llanura de Crau es un lugar ideal para descubrir la flora y la fauna de la Camarga.

Costa

▶ **Mar, océano.** Del Var a la Camarga, el mar Mediterráneo baña el litoral provenzal. Esta frontera natural es una sucesión de playas de arena fina, calas y acantilados (los más altos de Europa están en Cassis) y pequeños puertos deportivos y pesqueros. Un lugar ideal para darse un baño.

▶ **Playas.** Playa de Beauduc: se llega a ella tras una hora en coche en pleno parque natural de la Camarga. Parece que no vas a llegar nunca, pero al hacerlo, la arena infinita y la luz hacen que haya merecido la pena el esfuerzo. Beauduc es también una visita obligada para los amantes del kitesurf y windsurf. Las calas de Morgiou y Sormiou se hallan, sin duda, entre las playas más bonitas de la Côte Bleue.

Las playas de Saint-Clair y La Fossette, en Lavandou, son extraordinarias, con arena fina y aguas cristalinas.

▶ **Islas y archipiélagos.** Hay muchos archipiélagos cerca de las costas del Ródano y del Var: la isla Verte, la isla Du Levant, la isla de Porquerolles... También está el archipiélago de Frioul, que constituye uno de los 111 distritos de Marsella. Comprende cuatro islas, entre ellas el famoso castillo de If. Estas islas cuentan con numerosas calas para bañarse y ofrecen unas vistas inigualables de Marsella y de la basílica de Notre-Dame de la Garde. La isla de Bendor, cerca de Bandol, fue comprada y desarrollada por Paul Ricard, el creador del pastís. Con una superficie de unas siete hectáreas, esta isla, que aún hoy sigue siendo propiedad privada, cuenta con hoteles, un centro de congresos, restaurantes, tiendas, un club náutico, un centro internacional de submarinismo y playas. Perfecta para unas vacaciones de lujo.

▶ **Puertos.** El puerto de Marsella (conocido como Gran Puerto Marítimo de Marsella) es el mayor puerto de Francia, el segundo del Mediterráneo y el quinto

Vista del puerto Viejo y de la basílica de la Virgen de la Guarda de Marsella.

de Europa en tráfico de mercancías. De aquí salen también cada año millones de visitantes hacia Córcega, Cerdeña, Argelia, Túnez o para realizar cruceros por el Mediterráneo.

Mientras, el puerto de Tolón es la principal base naval de la República de Francia y alberga la mayor parte de su fuerza naval, incluido el portaaviones Charles de Gaulle.

FLORA Y FAUNA

Fauna

▶ **Mamíferos.** Encontramos dos animales emblemáticos de la región de Arlés: la oveja merina de Arlés, criada exclusivamente en la Crau, y el toro. Están representadas dos razas: el toro camargo, un animal pequeño y ligero (1,20 m de altura y 250-350 kg de peso) con cuernos en forma de lira que se utiliza en las carreras de La Camarga (no se mata), pero también para la industria cárnica; y la raza española, un animal mucho más grande, utilizado en las corridas de toros. En Marsella, reina la cabra Rove.

▶ **Reptiles.** El magnífico lagarto gris, conocido en la Provenza como «limbert», mide unos 40 centímetros, es un excelente trepador y nadador, al igual que su primo el lagarto ocelado, el más grande de Europa con 80 cm de longitud. Y no olvidemos la salamanquesa de pared, que elige los muros de las casas antiguas para calentarse al sol.

La Provenza, y más concretamente Var, es también el hogar de la tortuga de Hermann. Esta tortuga terrestre de color negro y naranja se considera actualmente en peligro de extinción.

▶ **Aves.** No nos detendremos en las que bajan del norte para invernar en la Provenza, ya que son demasiadas. Pero sí que hay otras de climas más cálidos que pasan aquí unos meses: la carraca y el abejaruco. Dos puras maravillas de colores extraordinarios.

Si paseas por el Luberon, puedes tener la suerte de ver un alimoche, que se caracteriza por su plumaje blanco con las puntas negras y su cabeza calva como la de todos los buitres. La más noble es el águila perdicera, especie característica de los peñones y carrascales de los ecosistemas mediterráneos. Pasando de los macizos a las costas, nos toca saludar al magnífico flamenco rosa, que habita las lagunas de La Camarga y la costa de Languedoc, y debe su asombroso plumaje al consumo abundante de gambas. Al anochecer, también se pueden avistar numerosos búhos, entre

© PEDRO – STOCK.ADOBE.COM

Lagarto ocelado.

Águila perdicera.

típica. Es el macho el que produce este canto característico llamado cimbalización.

Flora

▶ **Árboles, arbustos.** Cuando se piensa en la flora clásica provenzal, viene a la mente el olivo. Se cree que este árbol, con fama de inmortal, apareció en la región en su forma silvestre, conocida como *oleaster*, hace 14 000 años. Hoy en día, aunque todavía se pueden encontrar olivos silvestres, se cultivan sobre todo para la producción de aceite de oliva. La higuera también es emblemática de la cuenca mediterránea, donde se cultiva desde hace miles de años. Además hay pinos de todas las variedades, plátanos, almeces y mimosas.

▶ **Flores y plantas raras.** Están secas de seis a ocho meses al año, pero qué gran profusión cuando florecen en invierno: el romero es azul en enero y febrero. El tomillo, el laurel y la salvia componen los ingredientes de este gran ramillete. Estas hierbas provenzanas se encuentran en sus colinas en estado natural.

Otra planta estrella es la lavanda. La Alta Provenza se impregna de su aroma y todo se tiñe de azul púrpura a partir de finales de junio. Los paisajes esculpidos por hileras de plantaciones hasta donde alcanza la vista son el epítome de la Provenza.

Y no olvidemos el hinojo silvestre, insustituible para asar lubinas o doradas y aromatizar sopas de campo, bullabesas y el pastís. Hay muchas más especies entre las que elegir: campanilla, mirto, retama, alcaparra, juncos…

▶ **Vegetación submarina.** Cerca de las calas rocosas de Marsella, los fondos marinos se tiñen de rojo y amarillo con

ellos el búho real, que Marcel Pagnol hizo famoso en la novela *El castillo de mi madre*. La Provenza también alberga un gran número de murciélagos. Por último, Marsella no sería Marsella sin sus gaviotas, que vienen a piar desde los tejados de los edificios.

▶ **Peces.** El río Sorgue alberga salvelinos, truchas y anguilas. Las marismas de agua dulce de Arlés acogen carpas, lucios, tencas, percas, gobios, barbos y anguilas. En el Ródano se pescan las mismas variedades que en las marismas, con la adición del esturión. En las lagunas de La Camarga y la llanura de Bourg, se encuentran doradas, lubinas, rodaballos y otros muchos peces; en las encañizadas del lago de Caronte, mejillones; en las cercanas a Berre, anguilas, y en toda la costa, almadrabas de atunes.

▶ **Insectos.** La cigarra, tan emblemática de la Provenza, es una orquesta sinfónica que baña sus colinas y que, aunque a veces resulta ensordecedora, es muy

Aguileña alpina.

los colores de los corales y las gorgonias que cubren las rocas.

Parques y reservas naturales

La región meridional, antiguamente conocida como Provenza-Alpes-Costa Azul, cuenta con nada menos que nueve parques naturales. En la zona que nos interesa, encontrarás siete de ellos: Alpilles, Camarga, Sainte-Baume, Verdon, el monte Ventoux, el Luberon y los Baronnies provenzales. Cada uno de ellos tiene sus particularidades, que pueden apreciarse por sus paisajes y la flora y fauna que albergan. Además de los parques naturales, existen dos parques nacionales: el de las Calanques y el de Port-Cros. Aquí, los amantes de los paisajes marinos encontrarán todo lo que buscan, aunque también merecen una visita las plantas y animales que se localizan en ambos lugares. Un tercer parque nacional, el Mercantour, embelesará a los amantes de los paisajes de

montaña. Ir acompañado de un guía especializado te permitirá comprender mejor los retos de estas reservas naturales. El parque nacional de las Calanques, por ejemplo, recibe cada año más visitantes. Los daños causados pueden ser irreversibles. Los próximos años serán cruciales para preservar estas joyas verdes de la Provenza.

Parques zoológicos

La región cuenta con excelentes parques de animales:

▶ **Zoo de Barben,** en Bocas del Ródano, es uno de los favoritos de las familias de la región desde el cierre del zoo de Marsella a finales de los años 1980. Aquí se pueden ver hasta unos 700 animales de 130 especies diferentes.

▶ **Jardín de los Pájaros Tropicales,** en La Londe-les-Maures, en Var, ofrece a los amantes de las aves la posibilidad de descubrir seis hectáreas de pajareras que albergan raras variedades de pájaros exóticos. Las colecciones botánicas se crearon en los años 1990: agaves yucas, dasylirones y nolinas, y la colección de plantas exóticas es una de las más importantes de Francia.

▶ **Parque ornitológico de Pont-de-Gau** es otro de los grandes espacios naturales de la Provenza. Situado a 4 km de Les Saintes-Maries-de-la-Mer, este parque ocupa 60 hectáreas. Dispone de dos caminos que cruzan estanques y marismas.

▶ **El majestuoso mariposario de Digne.** Este lugar es famoso por su riqueza en especies de mariposas (135) de abril a septiembre, lo que representa más de la mitad de la fauna francesa en una hectárea.

HISTORIA

La historia de la Provenza hunde sus raíces en la historia de la humanidad. De hecho, sabemos que la región estuvo habitada muy pronto, en la prehistoria, ya que se han encontrado restos humanos de hace un millón de años. Por supuesto, se sabe muy poco de estos provenzales prehistóricos y la Provenza es más conocida por sus vestigios que datan de la ocupación romana, pasando por la Edad Media, hasta nuestros días.

Prehistoria

Al parecer, la Provenza y sus alrededores figuran entre las regiones habitadas más antiguas de Europa. La cueva cavernícola más antigua conocida en el continente se halla en Roquebrune-Cap-Martin, en los Alpes Marítimos, concretamente en la cueva de Vallonnet, donde hay pruebas de presencia humana en torno al 950 000 a. C. Avanzamos 150 000 años y nos encontramos en la cueva de Escale, en Saint-Estève-Janson, una pequeña localidad cerca de Aix-en-Provence. En el Paleolítico medio y superior, los cazadores-recolectores dejaron pruebas de su paso con algunos restos de sus viviendas en cuevas y las tumbas de sus muertos. El hombre se hizo sedentario entre los milenios VI y V, y aparecieron la cerámica y las actividades agropastorales. Courthezon, en Vaucluse, es el yacimiento neolítico más antiguo de Francia. Se ha datado en el VI milenio antes de Cristo.
Numerosos *oppida* marcan la Edad de Hierro. Se conocen muchos, desde la granja de Coudounéu, en Lançon, o Baou Roux, cerca de Roquefavour, hasta La Cloche o Constantine, en lo alto del lago de Berre. Hacia el año 600 a. C. surgió Massalia (Marsella).
Poco después se establecieron puestos comerciales: Nikaïa (Niza), Théliné (Arlés), Agathea (Agde), etc. Junto al comercio, la ciudad de Massalia desarrolló centros de cultura y aprendizaje.

Antigüedad

Los griegos, demasiado conquistadores para el gusto de los nativos, generaron hostilidades. Tuvieron que pedir ayuda a los romanos para mantener su posición. Roma vio en ello una buena oportunidad para asegurar la ruta hacia España. En el 122 a. C., el cónsul Cayo Sextio Calvino tomó la capital de los saluvios, Entremont, e instaló un campamento a pocos kilómetros, cerca de una fuente termal, que rápidamente se convirtió en una ciudad: Aquae Sextias, las «aguas de Sextio» (Aix-en-Provence). La presencia romana se aceleró con la llegada de Julio César. La Provincia Romana, que dio su nombre a la Provenza, cayó poco a poco bajo el control del dictador, que sitió Marsella en el 49 a. C. En rivalidad con Pompeyo por el gobierno de Roma, el mundo romano se vio envuelto en esta lucha fratricida. Massalia eligió bando y perdió, ya que apoyó a Pompeyo, el derrotado.
Toda la situación política y económica dio un vuelco tras estos acontecimientos. El odio de César a la Provenza de entonces hizo que la capital de la Provincia

© MARINA – STOCK.ADOBE.COM

Puerta de la Guardia, en Lacoste (Vaucluse).

Romana se trasladase a la ciudad de Arlés, que había sido leal a César.

La Pax Romana, que comenzó en esta época y continuó reinando en la región durante más de tres siglos, fomentó el desarrollo del comercio y las artes. Aparecieron las grandes calzadas: la vía Domiciana y la vía Aurelia.

No cabe duda de que en un país pacífico y fácilmente comunicado se desarrolló una vida apacible que permitió que la gente construyera y se asentara en la región: todo el entorno provenzal prosperó dejando los vestigios que vemos en día. El famoso *Panem et circenses* (pan y circo) se ilustra cerca de Arlés: el molino romano de Barbegal, cerca de Fontvieille, no está lejos de las arenas y del antiguo teatro de Arlés. Muy cerca, la magnífica ciudad de Glanum, en Saint-Rémy-de-Provence, era un lugar de residencia privilegiado cuya entrada estaba marcada por un soberbio arco triunfal y un mausoleo. También cabe destacar los arcos triunfales de Orange, Cavaillon y Carpentras. Las termas formaban parte de la vida cotidiana de Arlés y Gréoux.

En esa misma época, el cristianismo, que había llegado de Palestina, se extendía rápidamente por todo el Imperio romano. Se erigieron cientos de campanarios en los pasajes de Maximino y María Magdalena hacia la Sainte-Baume, de Marta en Tarascón y de Lázaro y Víctor en Marsella, donde la construcción de una abadía frente a la antigua ciudad de Massilia anunciaba un ascenso meteórico de esta religión y de su cultura.

Edad Media

Tras el gran terror del año 1000, los campos vieron florecer admirables abadías y conmovedoras capillitas campestres, todas ellas de estilo románico, descendientes directos de los monumentos romanos. Todo el mundo conoce, al menos por su reputación, a las «Tres Hermanas Cistercienses de la Provenza». Silvacane, cerca de Aix-en-Provence; Sénanque, escondida en un profundo barranco en la comuna de Gordes; y Le Thoronet, cerca de Brignoles en Var, quizás la más bella de las tres.

De las abadías pasamos a las iglesias. A las de Arlés añadiremos la antigua iglesia abacial de Saint-Gilles, cuyo portal ricamente esculpido recuerda también al de San Trófino. Esta explosión artística del segundo milenio estuvo acompañada, evidentemente, de grandes convulsiones históricas.

El país y sus habitantes salían de varios siglos de inseguridad, a veces con horrores y masacres provocados por las grandes invasiones. Junto a los edificios religiosos iniciados por el fuerte movimiento espiritual de las comunidades monásticas, se desarrolló una arquitectura civil y militar, necesaria para las batallas de los caciques. A partir de entonces, la Provenza se debatió entre los condes de Tolosa y Provenza y luego entre la casa de Aragón y la casa de Anjou; por no hablar de la cruzada albigense (provocada por la herejía cátara), que solo afectó a la región desde la distancia. Las cruzadas no deben olvidarse en estas batallas. Fueron una inmensa fuente de riqueza para el Midi, ya que las orillas del Mediterráneo —y Marsella en particular— eran los puertos de embarque de todos los señores de Francia y Europa. Ni que decir tiene que todos estos señores, que habían visto nuevas construcciones y formas de vida diferentes en tierras lejanas, querían trasladarlas a su vida diaria a su regreso. De ahí la construcción de numerosos castillos, tanto militares como de ocio. He aquí algunos ejemplos: Lourmarin, Barbentane, L'Empéri en Salon, Tarascon, Ansouis, La Barben, Vauvenargues, Valbelle cerca de Brignoles, Entrecasteaux, la torre d'Aigues...

Del Renacimiento a la Revolución

En 1482, tras la muerte del rey René, la Provenza volvió a formar parte de Francia. Eso sin tener en cuenta el carácter rebelde de la región, que no quería someterse a la voluntad del rey de Francia. A petición de los Estados de la Provenza, Carlos VIII se comprometió en 1486 a mantener los privilegios de la Provenza y a proclamar su unión a la Corona sin que estuviera «en modo alguno subordinada». A partir de entonces, las élites no dejaron de desafiar el poder real. Durante las guerras de religión del siglo XVI, no es casualidad que la Provenza acogiera a un gran número de protestantes, a menudo apoyados

por sus élites, que no eran indiferentes a sus ideas.

En el siglo siguiente, el Parlamento se negó a registrar el mandato real que ya no permitía a los Estados de la Provenza recaudar impuestos en beneficio de los agentes de la Corona. Entre 1635 y 1720, no menos de 266 revueltas estallaron en la Provenza. Richelieu y luego Mazarino amordazaron a los rebeldes, ya que los dos cardenales no estaban dispuestos a dejar escapar esta apertura al Mediterráneo, pero la Revolución Francesa dio a la Provenza otra oportunidad de alzar su voz de disidencia: ¿acaso no fue Marsella rebautizada en 1794 como la «ciudad sin nombre»?

De la Revolución al siglo XXI

El Segundo Imperio fue un periodo de prosperidad. La tecnología acudió en ayuda de la agricultura: la creación de numerosos canales de riego en el Comtat y la Provenza desarrolló multitud de cultivos de huerta que el flamante ferrocarril haría llegar a la región parisina a gran velocidad. El mismo ferrocarril que servía a Marsella transportaría a todas partes productos tradicionales industrializados: jabones —que se fabricaron por primera vez en Marsella en el siglo XIII mediante un proceso que mezclaba aceite de oliva y sal marina— y aceites de oliva, producidos en la ciudad por cincuenta almazaras, a los que hay que añadir la industria de la estearina y los inicios de la transformación de las grasas vegetales que los barcos de las primeras compañías navieras importaban de las costas de África. Y no olvidemos el azúcar de las refinerías de Saint-Louis y las fábricas de azulejos de Marsella. Estas actividades florecientes condujeron a la modernización de Marsella: se abrió la calle Impériale (actual calle de la République), se derribaron los barrios viejos entre las avenidas Belsunce y Canebière y se obtuvo el agua limpia del Durance. Para transportar el agua se construyó el acueducto de Roquefavour y se levantó en la colina de Longchamp un gran depósito de agua flanqueado por una galería semicircular y dos edificios de piedra de Calissanne: los museos de Bellas Artes y de Ciencias Naturales. El arquitecto de Roquefavour fue Franz Mayor de Montricher y el del palacio Longchamp fue Espérandieu, responsable también de la basílica de laa Virgen de la Guarda, la Virgen o «La Buena Madre», como se la conoce comúnmente en Marsella.

En el mismo estilo románico-bizantino, Espérandieu diseñó también la catedral de Santa María la Mayor. Esta inmensa catedral, adornada con brillantes mosaicos que refuerzan su carácter mediterráneo, está situada en pleno puerto. Pero la capital provenzal no es la única que se benefició de esta prosperidad. En Fontvieille, en los montes Alpilles, se intensificó la explotación de canteras, de donde salieron piedras blancas que cruzaron continentes y océanos.

Actualmente

Tras la caída del Imperio y bajo la Tercera República, la industrialización continuó. El duro trabajo de fabricar jabón y azúcar era realizado por los numerosos inmigrantes atraídos por la prosperidad de la ciudad: italianos en la década del 1900 y armenios veinte años más tarde. Dos décadas después, estas dos nacionalidades fueron asimiladas por Marsella, al igual que todas las demás que habían formado la población de la ciudad a lo largo de los años. Dos elementos de la vida cotidiana facilitaron esta asimilación: en primer lugar, la petanca, un juego de bolas inventado a principios de siglo que ha conquistado todo el planeta; en segundo lugar, el fútbol, que se juega desde hace más de un siglo (el Olímpico de Marsella se fundó en 1899).

Como en el resto de Francia, la Primera Guerra Mundial supuso un parón duradero en la economía, aunque la construcción naval y las primeras refinerías de petróleo en torno al lago de Berre entraron en funcionamiento en la década de 1930. Nueve años más tarde, Francia volvió a entrar en guerra. Tras la debacle de 1940, la Provenza, en la zona libre, iba a ser una de las zonas clave de la Resistencia. Cuatro años más tarde, el desembarco del 15 de agosto de 1944 supuso uno de los grandes momentos decisivos de la Segunda Guerra Mundial.

Tras el *boom* de la posguerra o los *Trente Glorieuses* (1945-1975), la Provenza, como el resto de Francia, viviría un largo periodo de estancamiento, marcado por un elevado desempleo, hasta que el auge del turismo reactivó la economía. La diversidad de sus paisajes, su clima y la riqueza de su patrimonio convirtieron a la Provenza en el destino favorito de turistas franceses y extranjeros. Cada año, decenas de millones de veraneantes dejan sus maletas en el Midi, algunos de ellos para siempre. Porque la Provenza es también una de las regiones con mayor emigración neta, impulsada por polos de competitividad punteros en nuevas tecnologías, agroalimentación, aeronáutica, etc.

PATRIMONIO Y TRADICIONES

La Provenza es una región habitada desde tiempos inmemoriales. Por ello, es de esperar que posea un patrimonio arquitectónico y cultural muy rico. Cada metro cuadrado, cada parcela, cada piedra de esta región es una verdadera cápsula del tiempo, testigo de un pasado glorioso o dramático.

PATRIMONIO CULTURAL

Literatura

Desde la llegada de los foceos a sus costas, los habitantes de la Provenza han sido, sin duda bendecidos por Homero, con una producción literaria extremadamente rica y variada. En todas estas obras podemos distinguir tres grandes corrientes de pensamiento y estilo delimitadas por las zonas geográficas de la región. La llanura del Ródano, desde el condado Venesino hasta la Camarga, está dominada por el genio de Frédéric Mistral. Su lirismo se adapta a estas inmensas tierras donde reinan el sol y el viento.

Y luego está Marie Mauron, cuya pluma y talento dejaron una huella indeleble en la Provenza. Residente en Saint-Rémy, en el corazón de los Alpilles, escribió *La Provence au coin du feu*, *La Camargue des Camarguais* y *Les Lampions des fêtes*. Tras el Ródano, la Camarga y la Crau, nos dirigimos ahora a la Provenza costera, a Marsella y sus alrededores, donde nos recibe Marcel Pagnol. Aunque nació en Aubagne, siempre estará marcado por Marius y las islas de Sotavento. Fue él quien dio vida a todos los personajillos de Marsella: la tímida Fanny y el estruendoso César, con sus rabietas homéricas, pero capaz de encontrar frases muy dulces. Hay otra parte de la obra de Pagnol que no menciona Marsella (o muy poco) y son sus maravillosos recuerdos de infancia y la encantadora *Manon des Sources,* todo ello impregnado del sol de las colinas donde pasaba sus vacaciones de pequeño. Hoy, bajo el impulso de Carrèse e Izzo, Del Pappas, Delfino y Gouiran han creado, cada uno a su manera y con su estilo, a veces incluso muy divertido, un género: la novela policíaca marsellesa, que se adapta con éxito tanto al cine como a la televisión.

Y aquí estamos, colina a colina, alejándonos de la costa hacia el interior donde, pasadas las regiones de Aix y Brignoles, llegamos a la Alta Provenza. Al atravesar la llanura de Lourmarin, redescubrimos el delicado talento de Henri Bosco, que en sus obras, *L'Âne culotte* y sobre todo *Le Mas Théotime*, nos habla de estos paisajes cautos y apacibles. Las primeras montañas, el Luberon, el Lure y la meseta de Vaucluse, son más abruptas.

Estatua del escritor Frédéric Mistral.

Autorretrato, de Vincent Van Gogh.

Es aquí donde conocerás al bardo de esta región: Jean Giono. Toda su vida y su obra transcurrieron aquí, en estos paisajes de formas suaves pero de clima a menudo duro.

Y no olvidemos su obra *Un de Baumugnes,* que inspiró tantas películas de Marcel Pagnol. En resumen, todas sus obras están impregnadas de esta región. Lo mismo ocurre con la obra de Pierre Magnan, en un registro completamente diferente. Sin embargo, no debemos dejar la Alta Provenza sin rendir homenaje a un gran veterano, quizás quien inició toda una escuela: Paul Arène, de Sisteronais, amigo de Mistral y de Daudet, a quien echó una mano importante en la redacción de *Lettres de mon Moulin*, y que fue incluso, y muy a pesar suyo, su escritor fantasma, gracias a, o por culpa de, Madame Daudet, que le expolió registrando sus obras conjuntas solo a nombre de su marido. Fue en sus cuentos y novelas donde se refirió a su ciudad natal como Canteperdrix.

Pintura

La Provenza y sus milagros naturales han tenido un impacto extraordinario en las mentes de muchos artistas que han venido a la región para experimentar la tranquilidad y el encanto tan lleno de color y armonioso que le da la fuerza y el carácter único a la región. Se trata de una mentalidad rebelde que los habitantes de los numerosos pueblos pintorescos, todos ellos a un palmo de la naturaleza, siempre han tratado de preservar. ¿Es este carácter el que han venido a buscar estos pintores? No tenemos una respuesta común, pero una cosa es cierta: muchos de ellos recorrieron, y siguen haciéndolo, Sainte-Victoire, el monte Ventoux, los Alpilles, Gordes y muchos otros lugares en busca de la encantadora singularidad de la tierra y de sus embriagadores colores y aromas. Una embriaguez total que enloqueció a estos maestros, haciéndoles pintar cuadros monumentales que hoy valen una pequeña fortuna. La pintura de la Provenza es una buena manera de mostrar que la cultura tiene un efecto que retumba en el arte de vivir en la Provenza, un arte humano que se puede disfrutar a nivel humano con respeto. Es un homenaje conmovedor, hecho público por el talento de estos pintores apasionados por una región que han tratado de comprender o simplemente de abrazar, dándole vida con fuerza y belleza en sus lienzos. Sigue los pasos de Van Gogh, Cézanne, Braque, Dufy, Matisse, Picasso y muchos otros. Explora un mundo diferente, visto a través de los ojos de pintores con estilos distintos y opuestos que muestran el impacto de un lugar en el arte y en personas que hoy se consideran fuera de lo común. Sigue sus pasos hasta los lugares que les inspiraron, sin olvidarse de contemplar de cerca los cuadros que realizaron en la región.

Cine

La Provenza está estrechamente ligada a la historia del cine y ha aparecido en numerosas películas. Todo comenzó con los hermanos Lumière y su famosa *Llegada de un tren a la estación de La Ciotat*. Fue en esta ciudad, Bocas del Ródano, donde se inauguró el primer cine de la historia, L'Éden, catalogado hoy como Monumento Histórico, donde tuvo lugar la primera proyección el 28 de septiembre de 1895. Desde los hermanos Lumière, la Provenza nunca ha dejado de inspirar. Marsella incluso adquirió el aire de un pequeño Hollywood cuando Marcel Pagnol fundó sus estudios en 1934. Desde el cambio de siglo, también se han rodado varios centenares de películas en la Camarga, entre ellas la célebre *Crin blanc*, de Albert Lamorisse, rodada en 1952. En 1963 se estrenó la película de

Noël Howard *D'où viens-tu Johnny*?, un *western* a la francesa rodado también en la Camarga (se supone que para parecerse al Far West…), con pastores como vaqueros, gitanos como mexicanos y Johnny Hallyday como estrella principal. Desde 2004, Marsella vuelve a contar con estudios de cine en el barrio de Belle de Mai. Aquí se rodaron la famosa serie de France 3 *Plus belle la vie* y la secuela de TF1 *Plus belle la vie, encore plus belle* (2024).

La región acoge actualmente entre 500 y 600 rodajes al año, y Marsella es la segunda ciudad más filmada de Francia. Entre sus películas más recientes figuran *Bonne Mère* (2021) y la miniserie de Netflix *Pax Massilia* (2023).

Entre las películas más conocidas rodadas parcial o totalmente en Marsella destacan: *Al final de la escapada,* de Jean-Luc Godard; *Borsalino,* con Belmondo y Delon, *Manon des Sources* y *Jean de Florette,* de Marcel Pagnol; *Feliz quien como Ulises,* con Fernandel, rodada en Roussillon; *La gloria de mi padre* y *El castillo de mi madre*, dos películas de Yves Robert; *El húsar en el tejado,* filmada en Cucuron; *588, rue Paradis,* de Henri Verneuil; la saga *Taxi, La French,* con Jean Dujardin; *Indígenas,* rodada en Tarascon; *La hija del pocero,* de Daniel Auteuil; *Camille Claudel 1915,* con Juliette Binoche; *Un verano en Provenza,* con Jean Reno, filmada en los Alpilles; *El corazón de los hombres,* con Marc Lavoine, rodada como algunas de las anteriores en el Luberon; *Marius et Jeannette* (1997) o *Gloria Mundi* (2019), de Robert Guédiguian, rodadas ambas en Marsella…

TRADICIONES Y ESTILOS DE VIDA

Deportes y juegos tradicionales

▶ **Petanca.** Considerada durante mucho tiempo como un pasatiempo para perezosos y no como un deporte por derecho propio, la petanca se burla ahora de sus detractores atrayendo a un número cada vez mayor de participantes a sus competiciones internacionales.

▶ **Justas náuticas provenzales.** Una disciplina muy popular, la justa provenzal o *targo,* se juega de mayo a septiembre en puertos deportivos, canales y otras masas de agua. Este deporte, muy espectacular, consiste en derribar a un adversario encaramado a la proa de una embarcación con una lanza de madera. Los principales centros son L'Estaque en Marsella, Martigues y Port-Saint-Louis-du-Rhône.

▶ **Carrera de la Camarga.** La tradicional carrera tiene lugar en las arenas de los pueblos de los alrededores de Arlés. Se trata de arrancar los atributos (bellotas, rosetas y cuerdas) atados entre los cuernos de un toro de la Camarga. Para ello, los *raseteurs* (hombres vestidos todos de blanco) corren alrededor del animal, equipados con un gancho (una especie de peine grande sujeto a la muñeca). Los saltos a contrapie pueden ser impresionantes cuando el toro embiste.

La petanca es un deporte muy popular en Provenza, y en toda Francia.

PROVENZA GASTRONÓMICA

Si la cocina provenzal tiene tanto éxito es porque se basa en ingredientes locales procedentes de un terruño rico y generoso. Ese es todo su secreto. No faltan las carnes de calidad, los pescados suculentos, las verduras de toma pan y moja… ni el talento de los cocineros que saben sacar lo mejor de todos estos productos.

DESCUBRE

PRODUCTOS LOCALES

Carnes, aves de corral y caza

▶ **Cordero de Crau-Alpilles, Sisteron y Luberon.** Tres productos provenzales de gran calidad. La identificación de los corderos desde su nacimiento permite seguir su rastro desde que salen del aprisco hasta que llegan al consumidor. La marca es una garantía de que los animales se crían de forma cuidadosa y controlada. Los corderos se sacrifican cuando tienen entre tres y cinco meses. La carne producida tiene una textura excelente. Su aroma y sabor son exquisitos, gracias a un excelente equilibrio entre grasa y fibra.

▶ **Caza.** Durante siglos, el hombre ha cazado según unas normas que han ido cambiando con el tiempo. Antaño coto de los ricos, la caza está hoy abierta a todos y puede considerarse una gran pasión para algunos, sobre todo en Provenza. En esta región se practican tres tipos de caza: la caza mayor, con jabalíes, rebecos y corzos; la caza menor, con conejos, liebres, faisanes, becadas, zorzales, mirlos y perdices; y la caza acuática, con patos, avutardas, fochas y negretas.

▶ **Toro de la Camarga.** Criado la mayor parte de su vida al aire libre, este ganado contribuye a proteger el ecosistema. Su carne magra y rica en proteínas hace las delicias de los amantes de la carne. Este emblema de la Camarga ofrece una carne de calidad excepcional, recompensada con la etiqueta AOC Taureau de Camargue.

Pescados y mariscos

El pescado está indisolublemente unido a la imagen de la Provenza. Los salmonetes, las lubinas, las sardinas o las doradas, siempre regias con sus ropajes plateados, comparten el protagonismo en los puestos de los mercados o en el puerto viejo de Marsella. Al igual que el cabracho, el rubio, el rape o el centollo, ingredientes principales de la famosa bullabesa. Sin olvidar los chopitos, las *favouilles* (pequeños cangrejos de roca), los calamares, los pulpos, los erizos de mar y la langosta. Hoy en día, los pescados del Mediterráneo —besugos, sargos, doradas y lubinas— son todos deliciosos, pero desgraciadamente son tan caros en el mercado que resultan inasequibles en los restaurantes. Muchos restauradores de alto nivel que quieren trabajar con pescado fresco se ven obligados a sustituirlos por pescados del Atlántico.

Aceite, especias, condimentos

Cebollas, ajos, chalotas, tomillo, romero, ajedrea, salvia, laurel y albahaca son condimentos recogidos en la garriga o cosechados en el huerto. Combinan el sabor y el olor específicos de cada receta.

Bullabesa.

▶ **Hierbas provenzales.** ¿Cuáles son estas hierbas? En primer lugar, el tomillo, conocido aquí como *farigoule*. Todo el sabor de las colinas se concentra en esta pequeña planta gris de tallos duros y leñosos, cuyas diminutas flores rosas colorean los guijarros que tan a menudo cubren el suelo en mayo. Junto a ella se encuentra su inseparable compañera, el romero. Hermoso arbusto de casi un metro de altura, con hojas verdes brillantes y envés plateado, produce dos veces al año, en primavera y otoño, flores perfumadas que van del blanco al azul intenso. La tercera planta importante es la satureja, que aquí todo el mundo conoce como *pèbre d'ail* (o *ase*) o *poivre d'âne*, de sabor picante.

Estas tres plantas constituyen la base fundamental de las hierbas provenzales. Sin ellas no se puede cocinar, pero se pueden añadir muchas otras. El orégano —o mejorana— se encuentra en la linde de los bosques y es un delicioso condimento para el *coulis* de tomate y la pizza. El hinojo crece al borde de los caminos, con grandes flores amarillas y un inimitable aroma anisado. Y no olvidemos el laurel, parte importante del tradicional *bouquet garni* o atadillo. Y tampoco de la albahaca, esa magnífica planta verde y tierna con un potente aroma y fama de afrodisíaca. Y de la albahaca pasamos al ajo. En sentido estricto no es una de las hierbas de Provenza, aunque el diente cultivado más antiguo se encontró en las colinas de Lançon, frente al lago de Berre.

▶ **Sal de la Camarga.** En la actualidad, el 15 % de la superficie del delta del Ródano se destina a salinas. La sal alimentaria se produce en 10 000 hectáreas al oeste del Pequeño Ródano, en Aigues-Mortes. Sus diminutos cristales, recogidos a mano, aportan a los platos un sabor crujiente y duradero.

LA TRUFA REINA

La trufa es un hongo, pero no un hongo cualquiera. Simplemente, es el rey de los hongos, el favorito de todos los chefs con estrellas Michelin. Con su delicado y sutil aroma, las trufas se cocinan mejor cuando están completamente maduras. Es entonces cuando desprenden sus aromas más potentes. Se pueden consumir de mil maneras: crudas, como acompañamiento de otros alimentos, en ensaladas, ralladas, etc. Se utilizan para realzar el sabor de ciertos platos, como el famoso *boudin* con trufas, o para aromatizar aceites. Algunas tiendas venden incluso helados, chicles y aromas de trufa. Pero esto roza lo patológico. Todas estas pasiones se exacerban en época de cosecha: de agosto a octubre, aproximadamente.

Aceite de oliva

Mucho más que una grasa, el aceite de oliva es ante todo un puro zumo de fruta. Es un néctar que, como la vid, se asocia fácilmente a un terruño y una finca concretos. Emblema de la dieta mediterránea, el *oro verde* es el símbolo de un estilo de vida. Olvidados durante varias décadas, los olivares han reconquistado toda la Provenza, desde las Bocas del Ródano hasta Var, pasando por Vaucluse y Alpes de la Alta Provenza. Estos diferentes terruños son ideales para el cultivo de la oliva y la fabricación de aceite, al que confieren diferentes sabores y texturas.

ALCOHOL Y BEBIDAS ESPIRITUOSAS

Vinos

▶ **Rosados.** Fruto de un conocimiento ancestral, el rosado es el más delicado de los vinos, y el más difícil de elaborar. Es conocido en todo el mundo por su carácter sencillo. En la Provenza existen las siguientes Denominaciones de Origen: Côtes-de-Provence, Côtes-de-Provence de Sainte-Victoire, Fréjus, Coteaux d'Aix-en-Provence y Coteaux Varois en Provence. Su discreto color, especialidad de la Provenza, forma parte integrante de la composición de la mesa.

Es el compañero ideal de aperitivos (*tapenade*, *anchoïade*), cocina provenzal (sopa de *pistou* —parecido al pesto—, bullabesa, rellenos, salmonetes) y platos exóticos. Puede tener la elegancia innata de los más grandes para maridar con flores de calabacín, trufas, bogavante o lubina. Y para acabar con las ideas preconcebidas, el rosado no debe servirse demasiado frío para que conserve su plenitud y toda su expresión aromática.

▶ **Tintos.** El vino tinto puede mostrarse vivo, afrutado y joven, para acompañar discretamente a las carnes a la brasa aromatizadas con hierbas provenzales, como el estofado de conejo. Se transforma en un tinto de guarda, largo y complejo, con platos de invierno como *pieds et paquets de Provence* (un guiso tradicional elaborado con patas y tripas de cordero), con aromas de frutos rojos y un toque de vainilla si ha madurado en barrica. También le gusta reposar en el silencio de las bodegas para poder maridarse más adelante con carnes de caza o quesos.

▶ **Blancos.** El vino blanco, en su juventud, disfruta aportando su fruta al marisco y a los pescados. En el caso del bacalao con azafrán y hierbas, puede mostrarse vivo en boca, con notas cítricas y aromas de flores blancas. También paciente, puede esperar unos años para realizar los platos con carnes blancas o ciertos quesos.

Feria del vino.

Alcohol, aguardientes y licores

Pastis

Un aperitivo imprescindible. Esta bebida alcohólica, aromatizada con anís, es el resultado de la maceración de varias plantas, como el hinojo y regaliz. Por lo general, se añaden de cinco a siete partes de agua fresca por una de pastis, pero se puede tomar más compacto, como la versión *yogur,* o diluido, como la versión *piscina*. Los puristas lo beben, evidentemente, natural, pero se le puede añadir sirope de menta (*perroquet*), de horchata (*mauresque – moruno*) o de granadina (*tomate*). Otro ingrediente esencial: cubitos de hielo, porque no se concibe beber el pastis sin hielo.

▶ **Absenta.** Tras una prohibición que duró casi cien años, el *hada verde* regresa, aunque con una fórmula menos agresiva. Ahora se puede encontrar en muchos establecimientos de bebidas y tiendas de licores de alta gama.

FERIAS Y MERCADOS

Las ferias y los mercados son el alma de la Provenza. Cada ciudad y cada pueblo tiene su mercado, en mayor o menor medida, cuyas raíces se remontan muy atrás en la memoria humana. Venir a la Provenza —o vivir aquí— y no ir a un mercado, al menos de vez en cuando, es una herejía. Algunos son ineludibles, como los mercados de L'Isle-sur-la-Sorgue, el domingos por la mañana, pero también los de Bonnieux, Arlés, Saint-Rémy-de-Provence… Otros son más modestos, o más especializados (trufas, frutas y verduras), pero todos reflejan un verdadero modo de vivir.

▪ ACTIVIDADES AL AIRE LIBRE ▪

Senderismo

Los Alpes de Alta Provenza, alejados del turismo de masas, son un paraíso para los excursionistas. Te recomendamos el GR4, que atraviesa las desiertas mesetas del interior de Grasse y se une al curso del Verdon, donde cruza el gran cañón por el famoso sendero Martel. A continuación, atraviesa los vastos campos de lavanda de la meseta de Valensole, continúa por las colinas del Parque Natural Regional del Luberon y se dirige más al oeste hacia el monte Ventoux y el valle del Ródano.

En la región de las Bocas del Ródano también te esperan miles de kilómetros de senderos. Tomá el GR51, uno de cuyos tramos une Marsella con Cassis, o una parte del GR9 para descubrir la montaña Sainte-Victoire. En el departamento de Var, el GR49 une Saint-Raphaël con Rougon, en los Alpes de Alta Provenza. Otra ruta ineludible es el sendero del litoral. Por último, la región de Vaucluse es especialmente propicia para el senderismo, con las Dentelles de Montmirail, el monte Ventoux, los montes de Vaucluse y el Luberon.

Hoy en día, la mayoría de los pequeños pueblos de la Provenza proponen también senderos que permiten conocer y descubrir su zona. Estos suelen estar bien señalizados y son especialmente adecuados para pasear en familia por las tardes.

Senderismo en las Calanques de Cassis.

Paseos a caballo y en burro

La Camarga es tierra de caballos, donde algunos aún galopan libremente por las inmensas praderas. Un paseo a caballo es una buena manera de conocer e integrarse en la vida de los locales, independientemente de que seas principiante o un jinete experimentado, o de que le dediques un día, un fin de semana o una estancia completa. Se puede cabalgar durante todo el año por caminos de herradura, pequeñas pistas forestales o senderos de trashumancia.

Numerosos centros ecuestres ofrecen cursos de iniciación, paseos de un día o de una semana, alojamiento en casas rurales o vivacs y alquiler de caballos.

Baño

Las aguas del Mediterráneo te están esperando. A lo largo de la costa, encontrarás numerosas playas de arena fina o de guijarros, algunas con socorristas y todas las comodidades (restaurantes, duchas…), y otras sin ningún tipo de servicios. He aquí una pequeña selección.

▌ **La playa de Beauduc** es toda una institución en la región. Se encuentra a 40 kilómetros al sur de Arlés. Se accede a ella por carretera desde Salin-de-Giraud. El acceso a esta playa es… curioso. Se tarda casi una hora por pistas (¡caóticas!) que atraviesan las marismas. La playa es un paraíso para surfistas y kitesurfistas.

▌ **La playa de Piemanson,** al oeste del Gran Ródano, es accesible desde Salin-de-Giraud. Seis kilómetros de hermosa playa de arena. La mitad está reservada

a los naturistas. Una playa salvaje, ideal para la práctica del kayak de mar.

▌ **Al este y al oeste de Saintes-Maries-de-la-Mer,** encontrarás inmensas playas que se extienden hasta donde alcanza la vista.

▌ **Cassis alberga una de las playas más bellas de las Bocas del Ródano,** la Calanque d'En Vau. Un entorno de ensueño y unas aguas de color turquesa que hay que ganarse: el camino para llegar a ella es relativamente difícil y empinado. Si no te animas, puedes optar por la playa de Bestouan, con sus preciosas vistas del cabo Canaille, o por la de la Grande Mer, ambas en el centro de la ciudad.

▌ **En Marsella, las dos pequeñas playas de la Calanque de Sugiton** son, reconozcámoslo, paradisíacas. Pero también en este caso, la carretera de acceso es bastante difícil. Para disfrutar en familia, opta por la playa del Prophète, en la ciudad, cuyo dique permite a los bañistas adentrarse en el mar un buen trecho. Al igual que las playas del Prado que, además, cuentan con todos los servicios.

▌ **La playa de Notre-Dame, en Hyères,** es una de las más bellas de Europa. Situada en la isla de Porquerolles, esta playa rodeada de pinos es excepcional. Sus aguas de color turquesa permiten observar fácilmente el fondo. No olvides la máscara y el tubo

▌ **En Saint-Raphaël,** la famosa playa Des Anglais es sin duda la más original, con sus guijarros rojos. La playa de Camp-Long, con sus 200 metros de arena fina, es otra opción interesante. Forma una cala casi cerrada por las rocas que la protegen de las olas del Mediterráneo.

▶ **La playa de Pampelonne, en Ramatuelle,** es muy popular entre las familias… ¡que no temen a las multitudes! Sus 4,5 kilómetros se llenan rápidamente en verano.

Submarinismo

Provenza es la cuna del submarinismo (según los franceses), desarrollado por grandes nombres como Jacques-Yves Cousteau. No hay ni un solo puerto o pueblo costero que no tenga su propio centro de submarinismo. Hay que decir que el clima, la claridad de las aguas y la belleza de los fondos marinos rivalizan con los lugares más bellos del mundo. Por ello, seguro que encontrarás una actividad a tu medida, ya sea una primera inmersión, un curso de certificación o una inmersión de exploración si ya estás certificado. En este mar, surcado desde la antigüedad, abundan los pecios. Es cierto que en verano hay demasiada gente en estas aguas. Los mejores *spots* están repletos de barcos, aunque cada

club tiene también su pequeño jardín secreto. El momento perfecto para conseguir el certificado es a principios de otoño. La mayoría de los clubes están más tranquilos y los instructores disponen de más tiempo.

Golf

Con una exposición al sol excepcional, Provenza atrae tanto a golfistas aficionados como experimentados. El departamento de Var tiene el mayor número de campos de golf de la zona. Destacan el Golf de Barbaroux, uno de los recorridos más prestigiosos de Europa, en el corazón de un paisaje arbolado de 87 hectáreas; el Frégate Golf Club, con sus vistas panorámicas sobre el mar Mediterráneo, y el Golf de la Grande Bastide, uno de los más famosos de la Costa Azul.

En Alpes de Alta Provenza, el Golf des Lavandes, en Digne, está situado a 600 metros de altitud. En Bocas del Ródano, el Golf la Cabre d'Or, en

© ROCHAGNEUX – STOCK.ADOBE.COM

Kayak en la Calanque d'En-Vau.

Cabriès, ofrece una panorámicas que se extiende desde el monte Ventoux hasta el Pilon du Roy, con magníficas vistas de la montaña Sainte-Victoire; mientras que el Golf International de Pont Royal —firmado por Severiano Ballesteros—, en Mallemort, y el de Servanes, en los Alpilles, te transportarán a otro mundo de sol, naturaleza, paz y felicidad… El Domaine de Manville, en Les Baux-de-Provence, es un nuevo tipo de campo de golf ecoresponsable.

◾ CAZA, PESCA Y NATURALEZA ◾

Pesca

▶ **Bocas del Ródano.** Bouches-du-Rhône cuenta con 114 kilómetros de ríos de primera categoría. El Arc, el Durance, el Ródano y su delta son magníficos ríos de segunda categoría. Estas ricas aguas albergan cincuenta y cinco especies de peces, especialmente el siluro. Las principales especies de peces en el Durance son el barbo y la carpa, y en el bajo Ródano, el lucio, la lucioperca y el black-bass. En este mismo departamento, parece haber más pescadores de mar (lubinas, sargos y sargos jaspeados) que de agua dulce.

▶ **Var.** En cuanto a los cursos de agua, el departamento de Var no está muy bien regado. No obstante, hay mucho para atraer a los aficionados a la pesca, ya que carpas, barbos, percas y lucios se reparten el fondo. No obstante, se puede pescar en numerosos lagos de segunda categoría, como el lago de Sainte-Croix, el lago de Carcès y el Lac de Saint-Cassien, por citar solo algunos. Pero no olvidemos que Var también es mar, con sus bahías, calas, golfos y ensenadas que sirven de refugio a sargos, lubinas, salmonetes y otros peces de roca.

▶ **Vaucluse.** Vaucluse cuenta con numerosos afluentes directos o indirectos del Ródano, como el Lez, el Aigues, el Nesque, el Ouvèze y el Durance. La zona alberga más de cincuenta especies de peces. La pesca de la carpa es uno de los vectores de mejora del medio pesquero del Vaucluse. El sábalo, el siluro, el lucio, la lucioperca y el black-bass hacen del departamento un lugar de pesca ideal para las aguas de segunda categoría.

▶ **Pesca en agua dulce.** Los ríos son tan diversos como los peces que se pueden pescar. El Ródano y el Durance, el Verdon y el Ubaye, los arroyos de montaña, los numerosos lagos y lagunas ofrecen un amplio abanico de posibilidades en los cuatro puntos cardinales de la región: fario y trucha arco iris en los lagos de gran altitud, lucio en el bajo Durance, pescado blanco (alburno, rutilo, tenca, carpa, etc.) en los lagos del Verdon, lucioperca o siluro en el Ródano, etc

▶ **Pesca marítima.** En la costa mediterránea, la pesca marítima puede realizarse desde la orilla o en barco. En el litoral abundan los salmonetes, las doradas, las lubinas y los peces planos. Algunas localidades costeras han desarrollado la pesca gruesa. Es el caso de Martigues, Sanary y Le Lavandou, donde los aficionados a la pesca del atún pueden lanzarse al mar.

FESTIVALES Y EVENTOS

ALPES DE ALTA PROVENZA ★★★

■ LE CORSO DE LA LAVANDE

Boulevard Martin Bret, 1
Digne-les-Bains; ✆ 06 34 41 86 29
www.cdf-dignelesbains.fr
Se trata del acontecimiento festivo más importante del año, cuando Digne-les-Bains se transforma para celebrar la lavanda, esa pequeña flor azul que se ha convertido en el emblema de la ciudad. Cada año asisten entre 18 000 y 25 000 personas. En el programa: desfiles diurnos y nocturnos de carrozas decoradas con flores e iluminadas, muestras musicales, de disfraces y culturales a cargo de grupos internacionales, fuegos artificiales, parque de atracciones, concurso de petanca, mercadillo, bailes populares, etc.

BOCAS DEL RÓDANO ★★★★

■ HOGUERA DE SAN JUAN

Place de la Rotonde
Aix-en-Provence; ✆ 04 42 26 23 41
Esta fiesta tradicional y popular está organizada por el grupo folklórico Lei Farandoulaire Sestian. La celebración comienza a las 20 horas con la recogida de la llama en la plaza del Ayuntamiento. El cortejo, ataviado con trajes provenzales, se dirige posteriormente a la plaza de la Rotonde, ahora peatonal, y sus alrededores, para dar comienzo a los actos. Las danzas provenzales interpretadas por Lei Farandoulaire Sestian son el punto culminante del espectáculo. A las 22.30 horas se realiza la bendición, seguida del encendido de la hoguera, que abre el Grand Balèti, el baile popular. Una buena manera de celebrar la llegada del verano

■ FERIA DE ARLÉS

En Arlés se celebran dos ferias: la de Pascua y la del arroz, en septiembre. Para la ocasión, toda la ciudad vive al ritmo de los encierros de toros por las calles, de las corridas y otros muchos actos relacionados con los toros. Mientras que la feria de Semana Santa atrae a cerca de medio millón de visitantes, la de septiembre es más comedida, y está dirigida principalmente a los locales. Es igual que te gusten los toros o no, la diversión está en las bodegas.

■ PEREGRINACIÓN GITANA

Les Saintes-Maries-de-la-Mer
✆ 04 90 97 82 55
www.saintesmaries.com
Este impresionante acontecimiento cultural se remonta a 1343. Cada 24 y 25 de

mayo, numerosos gitanos de toda Europa se reunían en Les Saintes-Maries-de-la-Mer en honor de las tres mujeres que acudieron al sepulcro de Jesús el día de su Resurrección: Marie-Salomé (Salomé), Marie-Jacobé (María de Cleofás) y, sobre todo, Sara, patrona de los gitanos europeos. En tiempos más recientes, esta peregrinación se ha convertido en un imprescindible. Hoy en día, además de la llegada de los *gardiens* (vaqueros tradicionales de la Camarga) y los arlesianos, el acontecimiento es motivo de reencuentros y de numerosos bautizos para las comunidades romaníes, manouches (romaníes del grupo sinti), zíngaras y gitanas.

Fiesta de la Trashumancia.

■ FIESTA DE LA TRASHUMANCIA
Saint-Rémy-de-Provence
Es un espectáculo que no debes perderte si te encuentras en Provenza. Un mar de miles de ovejas, corderos y carneros, así como cabras rove (una antigua raza provenzal) y burros, acompañados por sus pastores vestidos con trajes tradicionales y sus perros, desfilan dos veces por el casco antiguo de la ciudad. Se trata sin duda de una de las fiestas tradicionales más bellas de la Provenza. Simboliza la salida de los rebaños de ovejas que en primavera abandonan Provenza para dirigirse a los pastos de los Alpes. Se celebra un mercadillo y una feria del queso durante todo el día.

■ FERIA DE LOS SANTONES – AIX
La Rotonde
Explanada Cézanne (delante de la estatua de Paul Cézanne).
Aix-en-Provence; ✆ 06 13 24 48 50
www.aixenprovencetourism.com
Si hay una tradición regional arraigada, esta es la de los santones de Provenza, cuya destreza es ancestral. Para Navidad, se colocan los santones (pequeñas figuras de barro pintadas a mano) en el belén, a menudo heredado de los abuelos, y que cada año se enriquece con nuevas figuritas, personajes y animales. Esta feria es una cita ineludible. En la feria está presentes los maestros santoneros más reputados, entre ellos Santonnier Fouque, activo desde 1934, así como Jouve y Richard. Sus talleres pueden visitarse durante todo el año.
La misa de los *santonniers*, celebrada en provenzal, acompaña la apertura de la feria.

■ FERIA DE LOS SANTONES DE MARSELLA
Quai du Port (2ᵉ), Marsella
www.foire-aux-santons-de-marseille.fr
Metro M1: Vieux-Port.
Cuando llegan las fiestas de fin de año, reaparecen los imprescindibles santones en Marsella. Las caravanas de los artesanos se instalan en el muelle del puerto,

DESCUBRE

en el Puerto Viejo, que acoge a unos cuarenta expositores. Estos presentan las figuras tradicionales, así como las imprescindibles novedades anuales, en todos los tamaños: desde el santón *pulga* hasta el más grande, dependiendo del tamaño del belén. La tradición manda que cada año nazca un nuevo personaje, que pasa a integrarse en los belenes provenzales.

◼ ENCUENTROS INTERNACIONALES DE FOTOGRAFÍA
Glorieta des Arènes, 10, Arlés
✆ 04 90 96 76 06

www.rencontres-arles.com
Desde 1970, los Rencontres d'Arlés contribuyen cada verano a transmitir el patrimonio fotográfico mundial a través de más de sesenta exposiciones, que se celebran en diversos espacios excepcionales del patrimonio de la ciudad (a algunos de los cuales solo se puede acceder en esta ocasión), y que son un crisol de la creación contemporánea. También hay proyecciones en el teatro antiguo, conferencias y debates con los artistas, y la posibilidad de participar en cursos de fotografía.

VAR ★★★★

◼ FESTIVAL LES MUSICALES DANS LES VIGNES DE PROVENCE
Hyères; ✆ 06 60 30 32 90
www.lesmusicalesdanslesvignes.
blogspot.com
Este festival combina la degustación de vinos con conciertos musicales en lugares excepcionales. A punto de llegar a la 15.ª edición, el festival programa sus conciertos en una cuarentena de prestigiosas fincas, desde Var hasta el país de Aix, pasando por los castillos de Fonscolombe, Beaupré, Seuil y La Gaude, y tan lejos como el Luberon. El programa musical es ecléctico, siempre de gran calidad y a menudo lleno de sorpresas, desde el jazz a la música clásica, pasando por las músicas del mundo.

◼ FESTIVAL DE RAMATUELLE
Théâtre de Verdure. Ramatuelle
✆ 04 94 79 20 50
www.festivalderamatuelle.com
Creado en 1985 por el gran Jean-Claude Brialy y Jacqueline Franjou en homenaje

a Gérard Philipe, este festival dura doce días, de finales de julio a mediados de agosto. Se celebra en un marco excepcional, el Théâtre de Verdure (teatro al aire libre). El festival presenta obras clásicas y contemporáneas, alternadas con una serie de giras de canto a cargo de conocidos artistas de variedades y cómicos franceses. Michel Boujenah es director artístico del festival desde 2007.

◼ LES VOILES DE SAINT-TROPEZ
Saint-Tropez; ✆ 04 94 97 30 54
www.lesvoilesdesaint-tropez.fr
En 1999, las Voiles de Saint-Tropez tomaron el relevo de La Nioulargue, un encuentro de veleros de todo tipo, creado a finales de septiembre de 1981. Estas prestigiosas regatas, con su mezcla de prototipos de competición, yates antiguos y modernos, se han convertido en una cita ineludible de la náutica, donde la fiesta está en el mar y en tierra. La ciudad de Saint-Tropez organiza para la ocasión numerosas animaciones.

VAUCLUSE ★★★★

■ FESTIVAL DE AVIÑÓN

Claustro de San Luis
Portail-Boquier, 20. Aviñón
☎ 04 90 27 66 50
www.festival-avignon.com

Desde 1947, Aviñón cobra vida cada verano, en julio, al ritmo de los Tres Golpes (*Trois Coups*). Tres golpes de bastón que resuenan sobre las tablas del escenario, que vibran bajo el talento de los actores y para el gran disfrute del público. Tres golpes que anuncian cada una de las numerosas obras de teatro programadas en este festival de renombre mundial, representadas en el escenario instalado en el patio de honor del palacio de los Papas y también en los numerosos teatros, pequeños y grandes, que se reparten por el centro de la ciudad de Aviñón.

■ FESTIVAL OFF

Aviñón
☎ 04 90 85 13 08
www.festivaloffavignon.com

Es el teatro más grande del mundo. Por la diversidad de su oferta cultural, el Off, un festival alternativo creado en 1963 por André Benedetto, es uno de los mayores festivales de compañías independientes del mundo.

El festival transforma la ciudad, con pancartas, folletos con eslóganes pegadizos, saltimbanquis que compiten entre sí para atrae la atención del público… Las compañías llegan y regresan de todas partes. Todo sirva para las representaciones teatrales: espacios insólitos acondicionados (garajes, pasillos, barcazas, escuelas o gimnasios en desuso.

© RÉMY MASSEGLIA – FOTOLIA

Teatro de calle durante el Festival de Aviñón.

VISITA

Abadía de Nuestra Señora de Sénanque.
© CGE2010 - STOCK.ADOBE.COM

Simiane-la-Rotonde ⭐

En el extremo suroeste de los Alpes de Alta Provenza, en la frontera con Vaucluse, Simiane-la-Rotonde se alza sobre una vasta llanura, a 650 metros de altitud. Rodeado por el Parque Natural Regional del Luberon, la meseta de Albion y la región de Forcalquier, al borde de lavandas y olivos, entre el Mediterráneo y los Alpes, este pueblo es de visita obligada. También es un lugar destacado para las plantas aromáticas: lavanda y lavandín, salvia esclarea, salvia común, menta piperita, hisopo y estragón. El pueblo alberga en su territorio la cooperativa agrícola de plantas aromáticas más importante, que recolecta, almacena y comercializa entre el 35 y el 40 % de la producción nacional de aceite esencial de lavanda y lavandín.

Esta localidad con carácter también seducirá a los amantes de las piedras, con su majestuoso portal monumental del *ostau* (casa señorial) Montjallard, que data del siglo XVII, su plaza del mercado cubierta del siglo XVI, sin olvidar su misterioso campanario de San Juan. El castillo y su rotonda son la guinda del pastel. Un auténtico museo al aire libre.

Forcalquier ⭐⭐

Forcalquier, apodada la ciudad de las cuatro reinas, domina el paisaje. Sus principales edificios históricos son la catedral de Notre-Dame du Bourget, el convento de Les Cordeliers y la capilla de Notre-Dame de Provenza. Se dice que Ramón Berenguer V, de la dinastía de Barcelona y poderoso conde de Forcalquier, tuvo cuatro hijas, cada una de las cuales se casó con un rey: la mayor, Margarita, se casó con el rey Luis IX; la segunda, Leonor, con Enrique II de Inglaterra; Sancha, la tercera, con Ricardo de Cornualles, que fue por poco tiempo rey de romanos, y la más joven, Beatriz, se casó con Carlos de Anjou, rey de Nápoles y Sicilia. Pero nada se dice de que estas cuatro reinas nunca hayan pisado el suelo de Forcalquier.

Manosque ⭐⭐⭐

Manosque, situado en las colinas orientales del Luberon, es el país de Giono para todos los provenzales. Este supo captar, mejor que nadie, el carácter de su pueblo natal, donde, según sus propias palabras, «las calles discurrían entre las granjas, pegadas unas a otras». La puerta de la Saunerie, construida en 1382 y donde antaño se pagaba la gabela, da la bienvenida a los visitantes. En el número 14 de la calle Grande, arteria principal de la localidad, se encuentra la casa natal de Jean Giono. También merece una visita la hermosa iglesia románica provenzal de San Salvador, cuyas naves presentan elementos decorativos de estilo gótico. Puedes salir del casco antiguo por la majestuosa puerta Soubeyran, la más alta de la ciudad. Los sábados por la mañana, las calles y plazas se animan con un colorido y apasionante mercado.

■ **CENTRO JEAN GIONO**
Boulevard Elémir-Bourges, 3
✆ 04 92 70 54 54
www.centrejeangiono.com
El Centro Jean Giono, incluye un espacio de exposición y un centro de documentación alojados en el Hôtel Raffin (mansión provenzal del siglo XVIII situada a la entrada del centro histórico de Manosque, cerca de la puerta Saunerie), y Le Paraïs, la casa y los jardines del escritor, que se halla al pie de la colina del Mont d'Or. El centro organiza numerosos actos (exposiciones, paseos literarios…) a lo largo del año para dar a conocer al público la vida y la obra de este famoso escritor, así como visitas guiadas.

Ganagobie ⭐⭐

Ganagobie es un lugar de paso obligado desde la noche de los tiempos. Sin duda se ha utilizado desde la prehistoria, y también hay vestigios de la época romana. El pueblo se encuentra a medio camino entre el río Durance y la meseta de Ganagobie, rodeado por un bosque estatal excepcional. Desde el pueblo, hay que tomar el camino que conduce a la meseta, donde se encuentra un monasterio regentado por monjes benedictinos. Una vez aquí, es difícil perderse el pórtico de la iglesia y su soberbio tímpano, que se libró de la demolición ordenada por la Convención en 1793. El mosaico a los pies del altar es único en Francia. Realizado por el oficial Pierre Trubert entre 1135 y 1173, cubre 72 m². El resto del paseo por la meseta te llevará también a las ruinas de Villevieille, probablemente del siglo XVII.

VISITA

© PHOTONATUREPAYSAGE - SHUTTERSTOCK.COM

Priorato de Ganagobie.

ALTOS ALPES

10 KM

Turriers

Ventavon
LE CAIRE

LA MOTTE-DU-CAIRE
BAYONS
D-1

Valernes

Authon

Ribiers

SISTERON ★★
Le Su

Aubard
D-946

Jansiac
Salignac
THOARD

D-18
D-53

VOLONNE
D-3

D-518
CHÂTEAU-ARNOUX-SAINT-AUBAN

Revest-du-Bion
D-113
CRUIS
A-51
D-17

SAINT-ÉTIENNE-
-LES-ORGUES
MALLEFOUGASSE-
-AUGÈS
Aiglun

BANON ★
PEYRUIS
LES
SA

LES
MÉES ★★
MÉZEL

SIMIANE-LA-ROTONDE ★ D-18 D-313
D-116
Sigonce

FORCALQUIER ★★
LURS
Puimichel

RUSTREL ★★
D-4100

SAINT-MICHEL-
L'OBSERVATOIRE ★
MANE
NIOZELLES
D-101
Bras-d'A

D-155
ORAISON

DAUPHIN
SAINT-MAIME
D-513
VILLENEUVE ★
Les Reynoards

D-33
REILLANNE
Volx

PUIMOISSON
MOU

D-223
CÉRESTE ★
D-907
MANOSQUE ★★★
VALENSOLE ★

RIEZ
Roumo

CABRIÈRES
D'AIGUES
Fiéraque
D-31
PIERREVERT
ALLEMAGNE-EN-
-PROVENCE
D-6 C-29
LES
SUR-

C-4
Sainte-Tulle

GRAMBOIS ★
GRÉOUX-LES-BAINS ★★
SAINTE-CROIX-DU-VERDON ★

LA TOUR-
D'AIGUES
ESPARRON-DE-VERDON
D-311

D-56
D-9

■ PRIORATO DE GANAGOBIE

✆ 04 92 68 00 04
www.ndganagobie.com
Ganagobie ha estado habitada desde la prehistoria, y en su meseta aún pueden verse vestigios de distintas épocas. El monasterio goza de una situación geográfica excepcional, dominando el río Durance desde una magnífica meseta cubierta de robles perennes, a más de 650 metros de altitud.

Su iglesia románica, construida en el siglo XII, destaca por su pórtico de arcos festoneados y sus hermosos mosaicos de piedra arenisca roja, mármol blanco y piedra caliza negra, que representan la flora y la fauna. El claustro es extremadamente austero, y su forma de cuadrilátero irregular proporciona un verdadero pozo de luz y paz en el interior del edificio. Su decoración, sobria, está compuesta principalmente por capiteles cubiertos de hojas estilizadas. La biblioteca excavada en la roca alberga más de 8000 libros antiguos que datan de los siglos XII al XVIII. Su clasificación como Monumento Histórico se escalonó entre 1886 y 1988, cuando se inscribieron todos los edificios definitivamente.

Les Mées ⭐⭐

En la confluencia de antiguos ríos con el Durance, los Rochers (peñascos) des Mées evocan una procesión de penitentes. De hecho, así es como se les denomina con frecuencia. Impresionantes —algunos pueden alcanzar una altura de cien metros—, este cortejo constituye la gran curiosidad de la región.
Les Mées es también el municipio de Alpes de Alta Provenza con mayor número de olivos. Su aceite, muy prestigioso y galardonado en numerosas ocasiones, tiene un sabor inolvidable.
En la Edad Media, en este territorio y gracias a la presencia de los prioratos de Paillerols, dependiente de la orden de Chalais, y de Saint-Michel, dependiente de Ganagobie, de la orden de Cluny, el olivo se desarrolló tanto en cantidad como en calidad, gracias, en especial, al esmero de los monjes en su cultivo. También merece una visita la iglesia de Les Mées, cuya primera construcción parece datar de finales del siglo XIV: llamada Notre-Dame-de-l'Olivier desde el año 1400, demuestra la importancia del olivo en esta tierra de la Alta Provenza.

Sisteron ⭐⭐

Sisteron es un libro de historia: aldea prehistórica, luego obispado en el siglo VI, plaza fuerte de los condes de Forcalquier y Barcelona en el siglo XI, después propiedad de los condes de Provenza, se unió al reino de Francia en 1483. Apaga el motor y admira esta localidad llena de luz y extraordinarios monumentos, villa natal del poeta Paul Arène (1843-1896), antes de degustar su especialidad, los *pieds et paquets,* un guiso provenzal de patas y tripas de cordero.

■ CIUDADELA DE SISTERON
Montée de la Citadelle
✆ 04 92 61 27 57
Véase página 8.

■ CASCO ANTIGUO
Centro de la ciudad, barrio de La Coste, barrio de Bourg-Reynaud
La (muy) antigua villa de Sisteron puede visitarse adentrándose en su agitado pasado y su gloriosa historia. Se alza

Sisteron.

detrás del campanario de la iglesia de Notre-Dame, entre la ciudadela y el río Durance. Sus calles empinadas y talladas a cuchillo, la escasa luz que se cuela a través de sus casas altas y firmes, sus fachadas medievales con sus opulentos portales, las fuentes que refrescan las soberbias plazas y los conventos que antaño animaban la ciudad con una intensa vida religiosa, hacen de Sisteron una villa auténtica, muy bien conservada.

Digne-les-Bains ⭐⭐⭐

Esta ciudad, situada al borde de los Prealpes de Digne, huele a lavanda. No solo enaltece la lavanda, símbolo de la región, con su Corso (cabalgata popular) dedicado a ella el primer fin de semana de agosto, sino que también ha creado un museo que recorre la historia de la lavanda en la región de Digne desde 1900 hasta nuestros días.

Digne-les-Bains, tierra de bienestar, ha sido un lugar propicio para el ser humano desde la prehistoria si nos atenemos a los vestigios del pasado que se han encontrado aquí. Sus aguas termales le otorgaron muy pronto importancia. Como resultado de su rica y antigua historia, la zona conserva una gran cantidad de restos patrimoniales, algunos de los cuales están catalogados como Monumentos Históricos: edificios religiosos, restos de fortificaciones militares, monumentos industriales, museos y fiestas… Digne-les-Bains muestra muchas facetas. Un buen punto de partida y de llegada.

■ CASA ALEXANDRA DAVID-NEEL
Avenue du Maréchal-Juin, 27
☏ 04 92 31 32 38
www.alexandra-david-neel.fr
Cerca del estadio Jean Rolland.
En 1924, Alexandra David-Neel se convirtió en la primera mujer europea en

entrar en la ciudad prohibida de Lhasa, en el Tíbet. Anarquista, feminista y periodista nacida en París en 1868, dejó una huella indeleble en el mundo de la aventura y la exploración, dominado por los hombres. En 1928 se instaló en Digne, en su casa Samten Dzong (Residencia de reflexión), donde escribió sus obras. La villa-museo es excepcionalmente rica, y una visita cautivadora.

■ **GEOPARQUE DE ALTA PROVENZA**
Casa del Geoparque de Alta Provenza
Cuesta Bernard-Dellacasagrande, 10
En la casa de las murallas del Parque Saint-Benoît (san Benito).
✆ 04 92 36 70 70
www.geoparchauteprovence.com
El Geoparque de la Alta Provenza es el primer geoparque creado por la Unesco en el año 2000. Si quieres recorrerlo entero, necesitarás mucho tiempo, pues tiene una extensión de 1989 km^2, con más de 80 zonas abiertas al público a partir de rutas temáticas accesibles.

Enlaza las orillas del lago Sainte-Croix con las cumbres nevadas de Dormillouse, y presenta una diversidad paisajística única que combina rasgos alpinos y provenzales. Aquí podrás observar losas de amonita, esqueletos de ictiosaurios, huellas de pequeños pájaros…

Castellane

Bajo su etiqueta de «pueblo y ciudad de carácter», Castellane nos reserva algunas sorpresas bonitas. Su monumento más antiguo, declarado Monumento Histórico, es el dolmen de Pierres Blanches, probablemente datado hacia el año 2500 a. C. También alberga un castillo del siglo XVII, el Pont du Roc, que data del siglo XV, y su Roc propiamente dicho, un acantilado calcáreo que se eleva hasta los 930 metros, más de 200 metros por encima del Verdon y alrededor del cual circulan muchas leyendas. En lo alto de este promontorio rocoso, la capilla de Notre Dame du Roc,

VISITA

© TOM PEPEIRA - ICONOTEC

Campo de lavanda en el municipio de Digne-les-Bains.

coronada por una imagen de la Virgen María, domina la ciudad. Se puede llegar a la ermita siguiendo un sendero de 4 km. Al llegar a ella, disfrutarás de una vista impresionante de Castellane y del valle, apoyada por una mesa de orientación.

■ CAPILLA DE NOTRE-DAME DU ROC ⭐

Sendero del Roc. Petra Castellane
✆ 04 92 83 61 14
www.castellane-verdontourisme.com
La capilla de Notre-Dame du Roc domina Castellane y el valle del Verdon desde el siglo XII. Se alza en lo alto de un acantilado a 903 metros sobre el nivel del mar. Estuvo asociada al castillo fortificado de Aldaberto I hasta su demolición por el rey Luis XI en 1483. Los historiadores no tienen claro si se conservó o se destruyó junto con el resto del castillo. La capilla fue reconstruida en 1590, tras los daños causados por los hugonotes. Desde entonces se han sucedido varias renovaciones.

Moustiers-Sainte-Marie ⭐ ⭐ ⭐

A las puertas de las gargantas del Verdon, Moustiers es uno de los pueblos más bellos de Francia. Confinado entre dos escarpes rocosos, una estrella destaca sobre el pueblo. Según Frédéric Mistral, esta habría sido colgada por un caballero cruzado que fue secuestrado por los sarracenos y prometió colgar una estrella en homenaje a Marie si lograba regresar al pueblo. Tras muchas caídas y aventuras, la estrella mide ahora 1,25 m y cuelga de una cadena de 135 m que pesa 150 kg. Un espectáculo impresionante.

Poblado desde la noche de los tiempos, con vestigios de presencia humana que se remontan a la prehistoria, Moustiers y sus alrededores están habitados como tales desde el siglo V. No te pierdas la iglesia parroquial con su campanario lombardo del siglo XII, la capilla de Notre Dame de Beauvoir y las murallas.

© VINCENT FORMICA

Moustiers-Sainte-Marie.

Además, este pueblo de la loza cuenta con casi veinte talleres y un museo dedicados a este arte. Mercado nocturno en julio y agosto.

◼ GARGANTAS DEL VERDON ★★★★
Véase página 9.

◼ MUSEO DE LA LOZA ★★
Ayuntamiento
Rue du Seigneur-de-la-Clue
℡ 04 92 74 61 64
https://musee-moustiers.fr
Creado en 1929 por iniciativa de Marcel Provence, este museo recorre las distintas épocas y los diferentes estilos de la loza de Moustiers, desde el azul y blanco de finales del siglo XVII hasta los últimos diseños de finales del siglo XIX, pasando por las suntuosas decoraciones de estilo bearnesco, de escudos, guirnaldas, escenas mitológicas, *grotesques d'Orélys,* flores, animales y banderas. El siglo XIX está representado por las decoraciones de porcelana, acianos y guirnaldas. El museo muestra algunas piezas de prestigio.

◼ PARQUE NATURAL REGIONAL DE VERDON ★★★★
Domaine de Valx
℡ 04 92 74 68 00
www.parcduverdon.fr
La Bastide de Valx es un lugar importante en el parque, pues aquí tendrás acceso a numerosos libros y fichas informativas. Con unos mil kilómetros de senderos (incluido el famoso sendero Blanc Martel), el paisaje del Parque Natural Regional del Verdon se abre como un libro ilustrado en un relieve accidentado que cuenta la historia de 250 millones de años de historia geológica. El río Verdon, columna vertebral de la región,

© PHB.CZ (RICHARD SEMIK) - SHUTTERSTOCK.COM

VISITA

Gargantas del Verdon.

ha modelado su identidad. Las profundas incisiones del Gran Cañón conviven con la serenidad de los lagos de Sainte-Croix y Esparron y las vastas mesetas de lavanda del Pays de Valensole y las colinas del Alto Var. Cinco embalses artificiales —los lagos de Castillon, Chaudane, aguas arriba de las gargantas, y los de Sainte-Croix, Quinson y Esparron de Verdon—, contribuyen a la belleza de esta tierra.

La atractiva página web del parque es una fuente casi inagotable de información e imágenes de espléndidos paisajes que, sin duda, querrás ver con tus propios ojos.

Y si te gusta la naturaleza virgen, recuerda que aquí podrás observar o codearte con un tercio de la flora de Francia, dado que su belleza floral es excepcional. Y la riqueza de su fauna no se queda atrás. La avutarda, el buitre leonado, el lagarto ocelado (el mayor de Europa) y 22 especies de murciélagos (de las 32 registradas en Francia) son solo algunos ejemplos de la diversidad animal presente.

Entrevaux ⭐

Entrevaux, antigua plaza fortificada construida por Vauban, ha sabido conservar su autenticidad, lo que le ha valido la distinción de ser uno de los mil pueblos más bonitos de Francia. Este pequeño pueblo construido en forma de anfiteatro sobre un promontorio rocoso, está abrazado por un meandro del río Var, que fluye al pie de sus fortificaciones bimilenarias. Esta localidad fortificada conserva intacto su encanto de antaño, por lo que te encantará perderte entre sus sinuosas callejuelas, testigos de tiempos pasados. No olvides subir a la Ciudadela encaramada para disfrutar de una vista excepcional a la entrada de las gargantas rojas.

Allos ⭐⭐

El Val d'Allos es la parte más salvaje del valle del Verdon. Cerca del nacimiento, a 1400 m de altitud, el antiguo pueblo medieval de Allos posee el encanto de un pueblo de montaña. No dudes en pasear por sus calles para descubrir la iglesia románica de Notre-Dame-de-Valvert, del siglo XIII, o, a las afueras del pueblo, la capilla de San Sebastián, la mejor decorada del valle. También puedes subir hasta el lago de Allos, rodeado por un magnífico circo en el corazón del Parque del Mercantour, donde divisarás la capilla de Notre-Dame-des-Monts. Después de Allos, cruzarás el puerto del mismo nombre, a 2247 m, y abandonarás el valle del Verdon para dirigirte al del Ubaye por las vertiginosas gargantas del Bachelard. Cada curva cerrada de esta pequeña carretera, limitada por unas paredes casi verticales, te recordará que circulas por una carretera de alta montaña, en medio de paisajes salvajes y desnudos.

Pra-Loup ⭐⭐

A tan solo siete kilómetros de Barcelonnette, Pra-Loup se alza a 1600 metros de altitud. Construida sobre un balcón natural, esta estación de esquí ofrece magníficas vistas panorámicas de todo el valle del Ubaye. Unida a la estación de La Foux d'Allos, el dominio esquiable de Espace Lumière ofrece 180 kilómetros de pistas que atraviesan bosques de alerces y oscilan entre los 1500 y los 2500 metros de altitud.

El pueblo está habitado todo el año y cuenta con unos ochenta comerciantes. En verano, las pistas de esquí se convierten en rutas de senderismo que parten de la estación y sus alrededores. Si busca emociones fuertes, puede volar en parapente, ala delta e incluso saltar en paracaídas El complejo también dispone de pistas de tenis cubiertas y al aire libre de alquiler.

Estación de esquí de Pra-Loup.

Aix-en-Provence

⭐⭐⭐⭐

Capital histórica de la Provenza, Aix-en-Provence conserva todo su esplendor y destaca por su patrimonio, sus famosos *calissons,* sus fiestas y sus manifestaciones culturales. Ciudad de agua y ciudad de arte desde el *Aquae Sextiae* de la época romana hasta el *Ais en Prouvencou* del buen rey Renato en la Edad Media. En una época a menudo calificada de oscurantista, el conde de Provenza mantuvo aquí una corte refinada y culta. La ciudad se convirtió en centro cultural y universitario hacia 1409. Una influencia que no ha dejado de afirmarse a lo largo de los siglos. Tras la anexión de Provenza a Francia en 1486, el Parlamento de Provenza se instaló aquí en detrimento de la popular y comerciante Marsella. La Revolución Francesa marcó el fin de la influencia política de Aix-en-Provence. La *bella durmiente* despertaría lentamente de su sueño para recuperar todo su prestigio. Paul Cézanne, hijo de la ciudad, se encontraría aquí con Émile Zola, en el colegio Bourbon. El genio y el renombre del pintor reforzarían su imagen de ciudad de arte.

Hoy en día, Aix-en-Provence es una ciudad cuya calidad de vida no tiene parangón, que atrae a turistas durante todo el año. Ciudad universitaria codiciada (Letras, Derecho, Economía, Ciencias Políticas, Artes y Oficios, Bellas Artes…), la juventud llena durante todo el año las callejuelas peatonales y el Cours

Edificios de Aix-en-Provence.

Mirabeau, donde las terrazas de bares, cafés y restaurantes invitan a disfrutar de la *dolce vita* provenzal.

■ TALLER DE PAUL CÉZANNE ⭐⭐

Avenue Paul-Cézanne, 9
✆ 04 42 21 06 53
www.atelier-cezanne.com
Al norte del centro de la ciudad.
Líneas 5 y 12 desde La Rotonde.
Una estantería en la pared, una mesa, un caballete… Paul Cézanne se encerraba en esta pequeña casa de mobiliario sencillo cuando el tiempo le obligaba a alejarse de las laderas de Sainte Victoire o de las orillas del Arco. Durante los últimos años de su vida, el pintor realizó aquí algunas obras importantes, hoy dispersas por el mundo. *Las grandes bañistas* y *El jardinero Vallier* salieron de este estudio.

■ CANTERAS BIBÉMUS ⭐⭐

Chemin de Bibémus, 3090
✆ 04 42 16 11 61
www.reservation.aixenprovencetourism.com
Toma la línea 6 del autobús urbano hasta «Les Trois Bons Dieux» y luego el autobús lanzadera (detalles y horarios de las líneas en la página www.aixenbus.fr) .
De estas canteras de un ocre luminoso se extrae desde hace mucho tiempo la piedra dorada que tan bien capta la luz provenzal. Se encuentra en numerosos monumentos, edificios y casas de Aix-en-Provence. Estas canteras, pintadas y dadas a conocer por Cézanne, solo se pueden conocer durante las visitas guiadas que organiza la oficina de turismo de la ciudad. La visita dura aproximadamente una hora y requiere de buena movilidad y calzado adecuado para

© VINCHENTE - XILOPIX

Catedral de San Salvador.

caminar. Una vez allí, podrás admirar la belleza natural de la zona.

■ CATEDRAL DE SAN SALVADOR ⭐⭐⭐

Pl. des Martyrs-de-la-Résistance, 34
✆ 04 42 23 45 65
www.paroisses-aixarles.fr
Se dice que la catedral de San Salvador (Saint-Sauveur) se construyó en el emplazamiento de un antiguo templo dedicado al dios Apolo, lo que la convierte en el edificio más antiguo de la ciudad. Según la tradición cristiana, san Maximino, procedente de Palestina, levantó una modesta capilla en el lugar pagano en homenaje a san Salvador. La catedral, que tardó casi dos mil años en construirse, presenta una notable diversidad arquitectónica. Su silueta está marcada por un hermoso campanario cuadrado, de 64 metros de altura.

AVIÑÓN
★★★★
D-171

BARBENTANE
NOVES
CHÂTEAURENARD ★
BOULBON
GRAVESON
D-29
D-26
Maillane
GARD
TARASCON ★★
SAINT-RÉMY-DE-PROVENCE
★★★
SAINT-
ÉTIENNE-DU-GRÈS
D-24
EYGAL
LES BAUX-DE-PROVENCE
★★★★
FONTVIEILLE ★★
MAUSSANE- ★
LES-ALPILLES
PARADOU
E
MOURIÈS
ARLÉS
★★★★
C-126
E-80
SAINT-MARTIN-DE-CRAU ★
Albaron
Gageron
N-568
D-10
D-37
D-37
D-37
N-569
D-36
Mas-Thibert
Laguna de Vaccarès
C-136
ISTRES ★
Le Fenassier
Cabanes Cambon
D-35
N-568
D-38
Les Carabir
Laguna de Fer
Ródano
FOS-SUR-MER
SAINTES-MARIES-DE-LA-MER
★★
PORT-DE-BOUC
Les Sablons
PORT-SAINT- ★
LOUIS-DU-RHÔNE
Laguna Sainte-Anne
Laguna de Napoléon

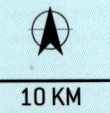

BOCAS DEL RÓDANO

10 KM

Mar Mediterráneo

VAUCLUSE

CAVAILLON ★

○ Sénas
MALLEMORT ○
S
LA ROQUE-D'ANTHÉRON ★ VILLELAURE
○ Vernègues   D-543   D-973   PERTUIS   MIRABEAU ★
                                                    ○
ROGNES ★   LE PUY-SAINTE
-DE-   -RÉPARADE
NCE   LAMBESC ○   ○ La Cride
                                              PEYROLLES-
     A-54   ○   EN-PROVENCE   JOUQUES
     LA BARBEN   SAINT-CANNAT   A-51   Rians ○
S ★   ○ Venelles
     D-19   ÉGUILLES   D-23
                                    SAINT-MARC- ★
70   D-21 La Fare-les-Oliviers   JAUMEGARDE ○ VAUVENARGUES ★
HAMAS   AIX-EN-PROVENCE
     VENTABREN ★   ★★★★   PUYLOUBIER ★
○ Cavillière   LE THOLONET ★★ SAINT-ANTONIN
de Berre   D-21   -SUR-BAYON ★   D-423
                          D-7   MEYREUIL ○ ROUSSET
     VITROLLES   ○
     Aeropuerto de   A-51 GARDANNE   FUVEAU ★
     Marsella-Provenza CABRIÈS ○   ○ Trets
                                   GRÉASQUE ○
ARTIGUES   MIMET ○   D-12
     ★★   ○ Marignane
     A-55   A-55   PEYPIN ○
-5   ○ La Nerthe   D-7   AURIOL ○   D-280
9   LE ROVE ★★   ○
     ENSUÈS-   D-44   ROQUEVAIRE ○
     LA-REDONNE   A-7 ALLAUCH ○   ○ Valentine
     CARRY-LE-ROUET ★   A-52
                          AUBAGNE ★
     MARSELLA   ○   GÉMENOS ★
     ★★★★   LA PENNE-SUR-   CUGES-LES-PINS ○
            HUVEAUNE
            ROQUEFORT-LA-BÉDOULE
○   VAR
Les Croisettes ○   CASSIS ★★★ CEYRESTE ○
     RESERVA NATURAL
     DEL ARCHIPIÉLAGO DE RIOU   LA CIOTAT SAINT-CYR
                              ★★   -SUR-MER
Bahía de Marsella

Construido en 1425, fue coronado con ocho pináculos en 1880.

En el interior destaca un tríptico de la *Zarza Ardiente* de Nicolas Froment (1476), colocado en la nave barroca. Se considera una obra maestra de la pintura provenzal del siglo XV. Se dice que a Cézanne le encantaba sentarse a admirarlo. Para preservarlo, el tríptico se presenta alternativamente abierto y cerrado según un calendario preciso. En particular, se expone durante las fiestas religiosas más importantes. Otros tesoros son el baptisterio del siglo V, remodelado durante el Renacimiento. Sus hornacinas están adornadas con pinturas del siglo XIX que representan los siete sacramentos. El claustro, magníficamente restaurado, es de visita obligada. La magnificencia del lugar sirve de escenario a numerosas formaciones musicales. Otra forma de descubrir la catedral.

Desde 1996, la catedral de Aix está hermanada con la de Natitigou, en Benín. Esto brinda la oportunidad de realizar intercambios culturales, espirituales y humanitarios entre ambas comunidades.

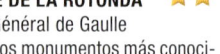
Fuente de los Cuatro Delfines.

■ CENTRO DE ARTE CAUMONT ⭐⭐

Joseph-Cabassol, 3
☎ 04 42 20 70 01
www.caumont-centredart.com

En el corazón del barrio de Mazarin, el palacio Caumont, que antaño albergó el conservatorio de música de Aix-en-Provence, se ha transformado en un prestigioso centro de exposiciones. Desde 2015, se han celebrado exposiciones sobre Canaletto, Botero, Nicolas de Staël, Sorolla, Zao Wou-Ki, Raoul Dufy, Yves Klein… Podrás pasear por los jardines de estilo francés del palacio o sentarte a comer o merendar en los salones del siglo XVIII.

■ FUENTE DE LA ROTONDA ⭐⭐

Place du Général de Gaulle

Es uno de los monumentos más conocidos y emblemáticos de Aix-en-Provence. Desde 1860, año de su inauguración, la fuente de la Rotonda, de 12 metros de altura, domina la plaza del mismo nombre y constituye el punto central del no menos célebre Cours Mirabeau. Su pila, de 32 metros de diámetro, está adornada con doce leones de bronce que parecen montar guardia. En la parte superior de la fuente hay tres gracias que miran en tres direcciones diferentes: la justicia hacia Aix, el comercio y la agricultura hacia Marsella y las bellas artes hacia Aviñón.

■ FUENTE
DE LOS CUATRO DELFINES
Rue du 4-Septembre

Inspirada en el barroco berninesco, como la plaza Navona, fue cantada por el poeta Émile Sicard: «La fuente cuya agua refleja los delfines, es como una corona en medio de la plaza – Un palacio la ha hecho suya, otro la abraza desde su ventana abierta donde tiembla un baldaquino». En el corazón del barrio de Mazarin, lejos del bullicio, está compuesta por una roca adornada con juncos y un pequeño obelisco flanqueado por cuatro delfines que expulsan agua. Los delfines simbolizan el título que se otorga a los hijos primogénitos de los reyes de Francia a partir de 1349.

■ MONTAÑA
SAINTE-VICTOIRE

Al este de Aix-en-Provence, Sainte-Victoire se eleva a 1011 metros de altitud en el Baou des Vespres (su pared princi-pal), con el Pic des Mouches a 1010 m. En provenzal, se llama Venturi, sin duda de origen ligur, aunque el nombre también evoca la victoria del cónsul romano Cayo Mario. Paraíso de excursionistas y amantes de la naturaleza, se puede recorrer por numerosos senderos y caminos. Sainte-Victoire también es famosa por haber inspirado al pintor Paul Cézanne, que le dedicó casi un centenar de cuadros.

■ MUSEO GRANET
Place Saint-Jean de Malte
℡ 04 42 52 88 32
www.museegranet-aixenprovence.fr
En autobús: líneas 1, 3 y 13, parada Saint-Jean.

Localizado en el antiguo priorato de la Orden de Malta, junto a la iglesia de San Juan de Malta, el museo Granet expone sus colecciones permanentes, desde los Primitivos y el Renacimiento hasta obras maestras del arte moderno. La

VISITA

© MURIEL

Montaña Sante-Victoire.

capilla de los Penitentes Blancos, contigua al museo Granet, alberga la colección Planque, con cerca de trescientas obras maestras de Picasso, Dubuffet, Renoir, Monet y Gauguin. Estáte atento a las exposiciones temporales, de gran calidad.

■ PLAZA DE ALBERTAS
Centro peatonal
En 1724, el marqués Henri Reynaud d'Albertas, celoso de su vecino, el consejero parlamentario Jean-Baptiste Boyer d'Eguilles y de su palacio con patio delantero, renovó y embelleció su palacio. Tras derribar las casas de enfrente, su hijo trazó una plaza delimitada por un conjunto de edificios uniformes. En su centro hay una fuente, primero de piedra y luego de hierro fundido, donada en 1912 por la Escuela de Artes y Oficios. Declaradas Monumento Histórico en el 2000, se ha renovado recientemente su empedrado y la fuente.

■ SITIO CONMEMORATIVO DEL CAMPAMENTO DE MILES
Chemin de la Badesse, 40
✆ 04 42 39 17 11
www.campdesmilles.org
Único gran campo de internamiento y deportación francés que se conserva intacto, el campo de Les Milles es desde 2012 un museo de Historia y Ciencias Humanas, un lugar innovador dedicado a la historia y la reflexión. Posee un doble valor patrimonial, ya que también fue un tejar que contribuyó al auge industrial de la región. A finales de 1939, fue requisado por la III República para alojar a personas procedentes de países enemigos, entre las cuales había grandes artistas como Max Ernst —muchos de los cuales siguieron creando—, intelectuales, científicos como dos premios Nobel y periodistas que se habían refugiado en Francia.

En 1940, el gobierno de Vichy lo convirtió en un campo de tránsito, donde convivían una treintena de nacionalidades diferentes en condiciones extremadamente difíciles. Miles de personas calificadas como *indeseables* se hacinaban en el campo.

En el verano de 1942, Pétain entregó a los nazis a los judíos considerados *extranjeros* procedentes de la zona no ocupada, incluidos los niños que nadie había reclamado. El campo de Les Milles se convirtió en un campo de deportación para dos mil hombres, mujeres y niños judíos, que fueron trasladados a Auschwitz, donde les esperaba una muerte programada.

La exposición se divide en tres partes. La primera está dedicada a la historia, para comprender estos trágicos acontecimientos. La segunda, cargada de emoción, se centra en la visita a los lugares de internamiento, que abarcan 15 000 m², con testimonios, vídeos y documentos que completan el recorrido. La tercera parte se orienta a la reflexión cívica, en un intento por comprender los mecanismos humanos que pueden conducir a crímenes masivos, a partir del análisis de la Shoah, pero también de los genocidios armenio y ruandés, y sobre todo en la sociedad actual. Esta parte de la exposición cuestiona nuestro funcionamiento como individuos y como sociedad, interpelando nuestras conciencias y mostrando la diversidad de formas posibles de resistencia. La visita concluye con la exposición nacional sobre los niños judíos deportados de Francia.

Marsella

Bienvenido a Marsella, capital de la región y ciudad con más de dos mil años de historia. Fundada hace 2600 años por marineros griegos, la urbe, conocida como la *ciudad fócida* (los marineros procedían de esta región griega), es la más antigua de Francia. Adorada, apreciada, denostada y criticada, Marsella no deja indiferente a nadie, incluidos sus orgullosos habitantes. Pero para quienes la pisan, es un mundo aparte. Tiene su propia cultura, una fuerte identidad y una reputación de cálida hospitalidad mediterránea. Puerto comercial durante siglos, su historia ha modelado su fisonomía, tanto arquitectónica como social. Perderse por las calles del casco antiguo, el Panier, te trasladará al sur de Italia, mientras que el mercado de Noailles te transportará al Norte de África.

Aunque Marsella se ha convertido en un destino turístico desde que fue nombrada Capital Europea de la Cultura en 2013, no ha perdido nada de su encanto ni de su autenticidad. Se dice que está formada por 111 pueblos y que tiene muchas facetas diferentes, con un bullicioso centro urbano, barrios pesqueros atemporales (como Endoume y Montredon) y distritos rebosantes de cultura y arte (como Estaque). Déjate llevar por su increíble imagen, entre mar y colinas, calas y garriga, e impresionar por sus monumentos de primer orden (basílica de la Virgen de la Guarda y el Mucem).

■ CASTILLO DE IF   ⭐⭐⭐
Embarcadero Frioul If Express
Quai de la Fraternité, 1 (1º)
☎ 04 91 59 02 30
www.chateau-if.fr
Lanzadera exprés Frioul-If desde el muelle de la Fraternité.

VISITA

Puerto Viejo de Marsella.

© DANIEL PELLETIER - STOCK.ADOBE.COM

Castillo de If.

Preservado en su entorno y arquitectura, y conocido internacionalmente gracias al conde de Montecristo, el castillo de If es un lugar excepcional, construido sobre un islote del archipiélago de Frioul, cerca de las islas de Ratonneau y Pomègues. Catalogado como Monumento Histórico desde 1926, es uno de los orgullos patrimoniales de la ciudad. El rey Francisco I visitó el islote en 1516, cuando hizo escala en Saint-Maximin. Se sintió atraído por una curiosidad que fue la comidilla de la Provenza de la época: la presencia de un rinoceronte en el islote virgen. Fue al ir a ver al animal cuando el rey de Francia se dio cuenta de que el puerto de Marsella no estaba suficientemente defendido en caso de ataque marítimo. El proyecto del castillo de If tomó entonces forma, indirectamente gracias a un rinoceronte. Con el tiempo, la ciudadela se convirtió en prisión.

■ **FUERTE DE SAN JUAN** ★★★
Quai du Port, 201 (1º)
✆ 04 84 35 13 13

Acceso por la pasarela del Panier o por la torre del rey Renato.
Situado en la desembocadura del Puerto Viejo, el fuerte de San Juan es un edificio histórico que merece la pena visitar por la excepcional vista panorámica que ofrece sobre la ciudad, así como por su complejo interior, testigo de siglos de reflexión humana destinada a proteger Marsella y su puerto. El fuerte fue restaurado en 2013 e integrado en el complejo del Mucem, al que está unido por una imponente pasarela.
Se puede visitar gratuitamente la parte ajardinada, donde se exponen numerosas plantas de todo el Mediterráneo, y los diversos patios y terrazas, utilizados por los marselles para pasear y tomar el sol. El fuerte fue construido en el siglo XIV por el rey Renato para proteger la ciudad de los ataques por mar. Te recomendamos subir a la torre del mismo rey Renato para disfrutar de una de las mejores vistas del puerto Viejo y de la ciudad.

◼ ÓPERA MUNICIPAL ⭐⭐
Molière, 2 (1º)
℗ 04 91 55 11 10
http://opera.marseille.fr
Metro M1 Vieux-Port.

La Ópera de Marsella es actualmente el segundo teatro más grande construido en las provincias francesas después del de Burdeos, y el mayor recinto de Francia de estilo art déco. En 1919, un incendio destruyó el gran teatro de Marsella, al que sustituyó. Cuando se reconstruyó, el nuevo edificio debía encajar entre los cuatro muros que aún quedaban en pie, conservándolos. Las obras finalizaron en 1924. Ahora se puede admirar el peristilo exterior coronado por un ático embellecido con bajorrelieves alegóricos y las puertas de entrada adornadas con medallones de bronce. En el interior, un gran bajorrelieve de estuco corona el escenario. Sus numerosas esculturas, herrajes y pinturas fueron realizados por artistas locales en el estilo art déco de la época. Declarado Monumento Histórico en 1997, la fachada, las rejas, el interior y el tejado han sido restaurados.

◼ PUERTO VIEJO ⭐⭐⭐
Quai des Belges (1º)
Metro M1 Vieux-Port.

Corazón palpitante de Marsella, el puerto Viejo es el centro neurálgico de la ciudad desde su fundación. Según la leyenda, fue aquí donde desembarcaron los griegos provenientes de Focea, en la cala de Lacydon, y fundaron Massalia, en la orilla norte. La gente viene aquí a comprar pescado por la mañana, cuando los pescadores montan su típico mercado, a pasear, a hacerse *selfies* con los amigos, a coger el autobús lanzadera a Frioul, a hacer un crucero por las Calanques y a comer un helado en familia. Desde 2013, su metamorfosis lo ha convertido en un lugar más humano, con más espacio para los peatones y una marquesina diseñada por Norman Foster, muy apreciada en pleno verano. El puerto Viejo ofrece un entorno magnífico que deberás descubrir durante tu estancia.

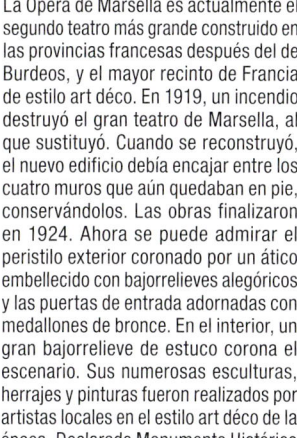
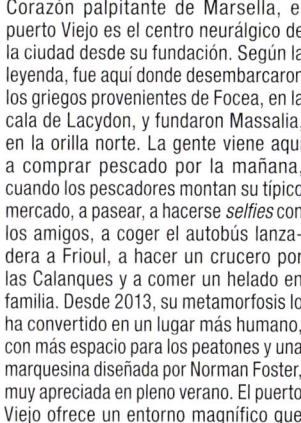

Ópera Municipal.

■ CATEDRAL DE SANTA MARÍA LA MAYOR ⭐⭐

Place de la Major, 10 (2º)
℡ 04 91 90 52 87
Metro M2 Joliette.
Construida a partir del año 381, la antigua Mayor es una de las iglesias más viejas de Marsella. Mutilada en el siglo XIX al perder dos de sus tramos, se le adosó la catedral de Santa María la Mayor, consagrada en 1893. Su estilo románico-bizantino recuerda que Marsella fue un puerto comercial abierto a Oriente. Es la mayor catedral francesa construida desde la Edad Media. La decoración interior es suntuosa. Destacan los cuatro Evangelistas de Botinelly, el Cristo y Santa Verónica de Carli, el ciborio de ónice y los altares de Cantini, así como la tumba de Mazenod en la capilla.

■ LE PANIER ⭐⭐

Barrio del Panier (2º)
Tranvía T2, T3, parada Sadi-Carnot o estación de metro M1 Vieux-Port.

Entre autenticidad y paisajes de postal, el barrio de Le Panier se extiende a lo largo de la orilla norte del puerto Viejo. Es el corazón de la Marsella histórica, 26 siglos de ocupación continuada, a pesar de los avatares de la historia. En este laberinto de callejuelas, subirás escaleras y cruzarás plazas de otra época. Este barrio ligado históricamente a las comunidades transalpinas y corsas tiene ambiente de pueblo y olor a Italia y Córcega. La zona está salpicada de tiendas de diseño, galerías y acogedores restaurantes.

■ MUCEM ⭐⭐⭐⭐

Fuerte de San Juan. Explanada del J4
Promenade Robert-Laffont, 7 (2º)
℡ 04 84 35 13 13
www.mucem.org
Metro M1 Vieux-Port o M2 Joliette.
Autobuses 82, 60 y 49.
Inaugurado en junio de 2013 con motivo de la capitalidad europea de la cultura, el Mucem, cuyo nombre completo es Musée des Civilisations d'Europe et de

© JOHN FRECHET - ICONOTEC

Fuerte de San Juan y catedral de Santa María la Mayor.

Méditerranée, se ha convertido en uno de los monumentos más visitados de Marsella y en un emblema de la renovación de la ciudad. El Mucem está formado por dos edificios: el edificio cúbico, obra del arquitecto marsellés Rudy Ricciotti, y el fuerte militar de San Juan, que estuvo cerrado al público hasta su renovación. El Mucem es un verdadero éxito arquitectónico y estético, magistralmente integrado en el paisaje urbano de la ciudad. Es a la vez un paseo gratuito (con acceso a su cubierta a través de la pasarela) que ofrece espectaculares vistas sobre la ciudad y el mar, y un renombrado lugar de exposiciones. Además de la colección permanente, organizan exposiciones temporales excepcionales a lo largo del año.

© JOHN FRECHET - ICONOTEC

VISITA

Basílica de la Virgen de la Guarda.

■ BASÍLICA DE LA VIRGEN DE LA GUARDA ★★★★

Calle del fuerte del Santuario (7º)
℡ 04 91 13 40 80
www.notredamedelagarde.com
Autobús 60 desde el puerto Viejo.
Es el símbolo por excelencia de la ciudad. Visible desde los cuatro puntos cardinales de Marsella, la *Bonne Mère* es uno de los monumentos favoritos de los marselleses, que acuden a ella desde la infancia para encender una vela y admirar el paisaje. La basílica también es muy popular entre los visitantes, sea cual sea su país de origen o religión. Hay que decir que el mirador que la rodea ofrece una vista impresionante de los alrededores, desde el macizo de las Calanques hasta el puerto, que convencerá incluso a los menos piadosos. La visita a la Bonne Mère es una obligación en Marsella. Omnipresente en la vida de los marselleses, la basílica domina la ciudad e irrumpe en cada esquina. La historia de este monumento está íntimamente ligada a la de la ciudad. Fue construido en el siglo XIX, pero la colina sobre la que se alza se convirtió en un importante lugar espiritual ya en el siglo XII: la primera capilla dedicada a la Virgen María se erigió en este saliente rocoso en 1214, de acuerdo con los deseos de un sacerdote marsellés. Muy apreciada por los marselleses, fue sustituida por una capilla más grande en el siglo XV y en el XIX.
La basílica es de estilo típicamente románico-bizantino, como la catedral de la Mayor. El edificio consta de una iglesia inferior, que alberga la cripta, y una iglesia superior decorada con mosaicos y dedicada a la Virgen María. En 2025, se restauró su estatua y ahora luce de nuevo con todo su esplendor.

■ ARCHIPIÉLAGO DE FRIOUL ⭐⭐⭐

Hay un servicio regular de lanzaderas entre el puerto Viejo y la isla de Frioul. El archipiélago de Frioul, una roca caliza situada a solo dos kilómetros del puerto de Marsella, está formado por cuatro islas que ocupan una superficie de doscientas hectáreas. Las islas de Pomègues y Ratonneau, If y Tiboulen, con sus escarpados y deslumbrantes acantilados blancos, se ven desde la ciudad. Propiedad del Estado y del Ayuntamiento de Marsella, es un lugar emblemático visitado a diario por numerosos curiosos y lugareños a los que les encanta pasar tiempo allí con sus familias. Las aguas cristalinas del archipiélago también lo convierten en un lugar predilecto para los habitantes de la ciudad que buscan evadirse durante unas horas. El mistral sopla a veces con fuerza, y el microclima ha dado lugar a una flora especial que sirve de refugio a numerosas aves (pardelas, cormoranes, gaviotas, etc.).

El puerto deportivo, en el corazón del pueblecito, es muy agradable, con sus restaurantes y pequeñas tiendas. Es una pena, sin embargo, que no se haya prestado más atención a la arquitectura de los edificios.

Las dos islas principales cuentan con senderos señalizados: Pomègues (2,7 km) y Ratonneau (2,5 km), mientras que las otras dos son minúsculas. If alberga la antigua prisión del castillo homónimo, la colonia penal en la que se dice que vivió Edmond Dantès, el famoso héroe imaginario de *El conde de Montecristo* de Alejandro Dumas.

■ PLAYA DE LOS CATALANES ⭐⭐

Barrio de los Catalanes
Corniche Kennedy (7°)
Autobuses 81, 82 y 82S. Parada: Plage des Catalans
A solo quince minutos del puerto Viejo, esta playa es la más accesible desde el centro de la ciudad. Es la primera de La Corniche (carretera costera que

Archipiélago de Frioul.

© GWENAELLE R - STOCK.ADOBE.COM

Calanque de Callelongue.

conecta el centro con los barrios del sur), por lo que podrás disfrutar de un baño sin tener que ir demasiado lejos. En verano, está vigilada por socorristas de 9.30 a 19 h. Arena fina, duchas y aseos, pistas de voleibol y un chiringuito. Justo encima, podrás observar el selecto club náutico Cercle des Nageurs de Marseille y también pasear por la plataforma, que ofrece una magnífica vista de la playa.

■ CALANQUE
DE CALLELONGUE ⭐⭐
Autobús 20 (terminal) o a diez minutos a pie desde el barrio portuario de Les Goudes.

Aquí termina la carretera en el sur de la ciudad. Y aquí, según los marselleses, se acaba el mundo conocido. Callelongue es el punto de partida del GR 51, que recorre las calas de Marseilleveyre, Morgiou y Sormiou hasta Cassis. Su nombre procede de *calo longo*, palabra provenzal que significa cala larga y estrecha. Aquí no hay playa, solo un bonito puerto, algunas casitas y un restaurante. Aunque hay un aparcamiento, en verano la carretera está reservada a los residentes locales, así que tendrás que aparcar en Les Goudes.

▶ **Remo y kayak.** Desde Les Goudes hasta Marseilleveyre, pasando por La Mounine y Callelongue, se organizan excursiones guiadas a remo o en kayak. Ofrece unas magníficas vistas del archipiélago de Riou.

▶ **Vía cordata.** Paseo vertical entre Les Goudes y Callelongue, pasando por la bahía des Singes. Tirolina de 100 metros.

▶ **Péndulo.** Los amantes de las emociones fuertes pueden probar el «péndulo», un salto pendular desde la cueva de Ermite tras una caminata de 45 minutos y un tramo de escalada.

▶ **Ciclismo.** La carretera termina en Callelongue, por lo que se puede llegar en bicicleta, eléctrica o no.

▶ **Buceo.** En las aguas de esta cala, buceando desde la orilla, se encuentra la gruta de Callelongue, accesible de día o de noche y muy popular para tomar fotografías de la vida submarina. También se puede ver un ancla de barco plantada allí.

■ CALANQUE DE MARSEILLEVEYRE

Calcula entre 50 minutos y 1 hora a pie desde Callelongue.

Desde Callelongue, último punto al que se puede llegar en autobús al sur de Marsella, se accede al Parque Nacional de las Calanques por varios senderos señalizados. Tras aproximadamente una hora de marcha, llegarás a la primera gran cala, Marseilleveyre, que toma su nombre del macizo del mismo nombre. Aquí te espera una hermosa playa redondeada, muy frecuentada en verano y a la que solo se puede llegar a pie. Alrededor, la vegetación es bastante árida, y el camino de ronda magnífico.

■ CALANQUE DE MORGIOU

Acceso directo en coche fuera de temporada cuando la carretera está abierta. A pie, aproximadamente 1 hora desde Les Baumettes (autobús 22 terminus) o desde Luminy (autobús B1 terminus).

Situada entre las calas de Sormiou y Sugiton, esta *calanque* es una de las pocas a las que se puede acceder directamente en coche (solo fuera de temporada, excepto para los residentes locales) y cuenta con unas magníficas instalaciones: un bar-restaurante, un pequeño puerto pesquero (aún en funcionamiento) y auténticos *cabanons* marselleses. Está habitada todo el año. Morgiou, al igual que su vecina Sormiou, es una de las calas más famosas del parque nacional y una de las más fotografiadas, lo que la convierte en un lugar muy frecuentado por paseantes y bañistas. Es profunda y cerrada en algunos lugares, lo que significa que también es bastante sombría. La consecuencia directa es que, como en el resto de las calas, el agua está fresca, incluso en verano. Si te apetece dar un paseo o caminar, a la derecha sale un sendero que lleva al cabo de Morgiou. A la izquierda está la pequeña playa y el camino que conduce a la *calanque*

Calanque de Morgiou.

© SEB HOVAGUIMIAN

© BRAD PICT - STOCK.ADOBE.COM

Calanque de Sugiton.

de Sugiton. Como anécdota, la escalinata del puerto fue bautizada como la Escalera de Luis XIII cuando el rey se presentó aquí en 1622 para ver una almadraba de atún.

Morgiou está especialmente expuesta los días de viento, así que es mejor visitar esta maravilla natural en días en los que no sople el mistral.

■ CALANQUE DE SORMIOU

Acceso directo en coche fuera de temporada. En temporada, aproximadamente 1 hora a pie desde el aparcamiento de Les Baumettes (autobús 22) o La Cayolle (terminal de autobuses 23).

Se trata de una de las calas más conocidas, bellas y grandes de la región, a la que se accede en coche (excepto en verano) y a pie desde los aparcamientos de Les Baumettes o La Cayolle. Debe su fama a sus brillantes aguas de color turquesa y a su playa de arena blanca. Vista desde arriba es fantástica. Cuenta con un restaurante, varias *cabanons* de alquiler y una zona de baño vigilada en verano.

El camino que sale a la derecha lleva al cabo de Sormiou, y el de la izquierda, al pequeño puerto de Sormiou. También se puede caminar desde la cala de Sormiou hasta la de Sugiton, pasando por Morgiou.

Si te gusta el turismo activo, podrás disfrutar de una vía ferrata, una tirolina, un descenso en rápel de 15 metros, del paddle surf o kayak… Y si te apetece bucear, puedes explorar las cuevas de Capelan y Porte de Rome.

■ CALANQUE DE SUGITON

Autobús B1 hasta la estación de Luminy.

Primera *calanque:* Sugiton. Segunda: Les Roches Plates. Es la última cala del macizo del Puget y una de las más espectaculares, con sus imponentes acantilados y grandes rocas desprendidas. Hay dos calas con playas de guijarros ideales para el baño, mientras que está prohibido acceder a la playa nudista situada al pie del acantilado. El mirador, a quinientos metros sobre el mar, es magnífico. Es importante tener en cuenta que es obligatorio reservar en línea para acceder al lugar en temporada alta.

■ LA CITÉ RADIEUSE DE LE CORBUSIER ★★★

Boulevard Michelet, 280 (8ᵉ)
℃ 08 26 50 05 00
https://www.marseille-tourisme.com
Autobús B1 o 22, parada Le Corbusier.
Se trata de un edificio arquitectónica e históricamente singular. Inaugurado en 1952, esta ingeniosa obra del arquitecto suizo Le Corbusier, se construyó en un descampado. Allí emerge este auténtico bloque de viviendas colectivas, en la gloriosa época del hormigón bruto. Símbolo de la arquitectura moderna, *La Maison du Fada* («la casa del loco»), como pronto la apodaron muchos marselleses, se sostiene por 17 pórticos y pesa más de 50 000 toneladas. Todo un reto. A diferencia de la ciudad

horizontal, devoradora de espacio, el bloque de apartamentos sería vertical. 9 plantas, 18 niveles para 334 apartamentos dúplex, anidados de dos en dos para un mejor aislamiento acústico: esa era la idea constructiva. Todos los apartamentos tienen terrazas y logias multicolores para permitir la entrada de la luz. Las tiendas, los servicios comunitarios (escuela, guardería, correos, capilla) y las instalaciones de ocio (gimnasio, bar, hotel, restaurante, galería, etc.) se han diseñado pensando en los residentes (unos 1500).

■ MUSEO DE ARTES DECORATIVAS Y DE LA MODA ★★

Castillo Borély
Avenue Clot-Bey, 134
Parque Borély (8ᵉ)
℃ 04 91 55 33 60
www.culture.marseille.fr
Autobús 44, parada Clot Bey Leau.
El museo, antaño símbolo de la aristocracia marsellesa, está situado en el corazón del castillo Borély. En 1856,

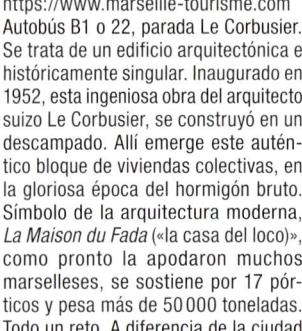

La Cité Redieuse de Le Corbusier.

© OLRAT - SHUTTERSTOCK.COM

Museo de Artes Decorativas y de la Moda.

Gaston de Panisse, heredero el castillo, lo vendió a la ciudad de Marsella. En 1864, tras algunas reformas, el castillo abrió sus puertas al público. Actualmente alberga el nuevo Museo de Artes Decorativas, de la Loza y de la Moda.

Construida entre 1760 y 1770, la bastida Borély se distingue por la elegante austeridad de sus fachadas y la calidad de su decoración interior. En la actualidad, presenta una selección de 2500 obras: muebles, cerámicas, cristal, tapices, objetos de arte, piezas exóticas, colecciones de diseño y moda, desde el siglo XVIII hasta nuestros días. Estas colecciones, procedentes de diversos fondos, se reúnen en un espacio de exposición de cerca de 1600 m². Catalogada como Monumento Histórico, la bastida se estructura en torno a diferentes espacios *de época,* entre los que se encuentran el salón dorado, el salón de estado, la gran galería con su colección de cerámicas del siglo XVIII, el salón del cuero, el comedor y el cuarto de baño.

Cassis ⭐⭐⭐

«Qu'a vist Paris, se noun a vist Cassis, n'ai rèn vist!». Estas líneas, tomadas del poema *Calendal* de Frédéric Mistral, son ahora el lema de Cassis. Significan: «Quien ha visto París y no Cassis, ¡no ha visto nada!» Y demuestra el apego de los habitantes de Cassis a su ciudad, dotada de múltiples atractivos y de un marcado aire provenzal. A unos veinte kilómetros de Marsella, bien comunicado por carretera y tren, el pequeño puerto de Cassis combina encanto y autenticidad meridional. Es una parada obligada para quien visita la región, una escapada por un entorno de postal que te permitirá disfrutar de la vida local. Aquí podrás pasear por sus calles llenas de flores, color y aromas, curiosear en sus tiendas, admirar el paisaje desde el puerto y darte un festín en sus restaurantes. Sus famosos viñedos te conquistarán. Cassis también puede ser la base para una estancia en la región.

Senderismo en la Calanque d'En-Vau.

■ OFICINA DE TURISMO DE CASSIS

Oustau Calendal. Quai des Moulins
☎ 08 92 39 01 03
www.ot-cassis.com

La Oficina de Turismo y Congresos de Cassis se encuentra en el mar, ¡o casi! Aquí encontrarás toda la información necesaria para descubrir los tesoros de esta encantadora ciudad (restaurantes, hoteles, tiendas, viñedos, el casino y las actividades náuticas) y sobre los paseos y las excursiones en el Parque Nacional de las Calanques.

■ CALANQUE D'EN-VAU ⭐⭐⭐⭐

Hay varias formas de llegar: alrededor de 1 hora a pie desde el aparcamiento de Port-Miou o 90 minutos desde Cassis.

Esta cala, a la que se accede desde Cassis, es una de las más emblemáticas y bellas, con sus aguas de color turquesa, su playa de guijarros, sus árboles pegados a los acantilados y sus panorámicas de postal. A pesar de su difícil acceso, la playa está abarrotada por la tarde, así que has de salir temprano por la mañana para aprovecharla al máximo (sobre todo porque le da la sombra pronto) y tener la oportunidad de aparcar en Port-Miou. La gente viene aquí a nadar y practicar kayak. Fuera de temporada, el acceso en coche y a pie es fácil desde el Col de la Gardiole, pero en verano tendrás que pasar por los aparcamientos de Port-Miou o Port-Pin, a pie, o incluso desde Cassis cuando el aparcamiento de Port-Miou esté lleno.

■ CALANQUE DE PORT-MIOU ⭐⭐⭐

Avenue des Calanques, 50

Es la cala más cercana a Cassis y, por lo tanto, accesible siempre que estés dispuesto a caminar un poco. El aparcamiento está a la vuelta de la esquina. Lo que la distingue de las demás es su puerto deportivo, donde se alinean magníficos veleros, y su longitud, ya que se adentra hacia el interior. De hecho, se ha alargado un kilómetro y luego vuelve a su estado natural al acercarse al mar.

Todavía se pueden ver las huellas de su pasado como cantera, donde se extraían con dinamita grandes bloques de piedra blanca, utilizada en los bellos edificios de la región.

■ CALANQUE DE PORT-PIN ⭐⭐

Tan popular como sus vecinas, las *calanques* de Port-Miou y En-Vau, la cala de Port-Pin no está incrustada en los acantilados, sino que está abierta a la costa y rodeada por un pinar, como su nombre indica, escalonado por muros bajos provenzales conocidos como *restanques*. Aquí los paisajes son diferentes de los de las altas *calanques,* y la gama de azules del agua es fantástica. Recomendamos esta playa de arena y guijarros para las familias, ya que es de fácil acceso, pero hay que ir temprano por la mañana, ya que en verano está abarrotada, como el resto de calas.

La Ciotat ⭐⭐

La Ciotat posee un litoral seductor y variado, con el espléndido golfo de Amur,

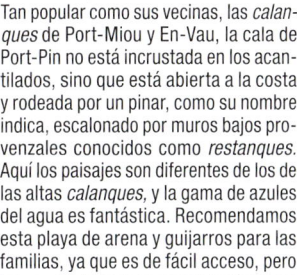

sus acantilados y sus *calanques.* A pesar de que su desarrollo ha estado unido al de los astilleros navales desde el siglo XVI, La Ciotat ha conservado su autenticidad, con sus calles peatonales y placetas. El corazón de la ciudad alberga un rico patrimonio arquitectónico, especialmente religioso.

■ CALANQUE DE FIGUEROLLES ⭐

Una de las *calanques* más bellas de la zona, destaca por el contraste entre el color turquesa del agua y el ocre de los acantilados de pudinga, una roca sedimentaria formada por antiguos guijarros compactados y redondeados por la erosión. La cala está muy encajonada y, como consecuencia, sus aguas son muy tranquilas para el baño.

Un islote bautizado como Le Lion completa el entorno, con la roca del Capucin dominando la bahía. Allí hay una playa de guijarros, un restaurante y un hotel. Además, es el punto de partida de numerosas rutas de senderismo y divertidas vías ferratas. El único acceso directo

© LAURENT

Ensenada del Grand Mugel.

VISITA

es un largo tramo de escaleras desde el aparcamiento.

■ CAPILLA DE LA VIRGEN DE LA GUARDIA

Chemin Notre-Dame
de-la-Garde, 1610
Aferrada a la colina, la capilla de la Virgen de la Guardia domina La Ciotat, en medio de la garriga. Construida a principios del siglo XVII por la cofradía de los penitentes azules en honor de las «gentes del mar» (marineros, navegantes, etc.), su aspecto es mucho más reciente, ya que se acaba de renovar completamente. El principal atractivo de esta visita es la vista panorámica de 360°, con el Bec de l'Aigle, los acantilados del archipiélago de Riou y la *calanque* de Figuerolles.

La Ciotat.

Le Tholonet

Este pequeño municipio apenas es un pueblo, ya que los comercios más necesarios se encuentran en Palette, a cuatro kilómetros. Sin embargo, se puede admirar un magnífico castillo del siglo XVIII, hoy sede de la Société du Canal de Provence. También podrás tomar algo Chez Thomé o comer en el bistró del pueblo, ambos en la sombreada plaza donde juegan los *boulistes* (jugadores de petanca). A la salida del pueblo, en la carretera que va de Le Tholonet a Saint-Antonin, no dejes de visitar el antiguo molino restaurado. A menudo acoge exposiciones, y la vista desde su terraza es impresionante.

Le Rove

Este pequeño pueblo es conocido por sus rebaños de cabras y la producción de sus famosos *brousses du Rove*, pequeños quesos frescos elaborados con leche de cabra cuajada.
Niolon, famosa por el submarinismo, es una bonita aldea de casas encaramadas sobre el mar. Dominado por el viaducto por el que circula el pequeño tren regional de la línea Côte Bleue-Miramas, su pequeño puerto ha conservado toda su autenticidad.

■ CALANQUE DE NIOLON

Aparcamiento en la estación de Niolon. No se puede acceder en coche los fines de semana y días festivos de mayo a agosto.
Esta cala natural está situada en el tramo más bello del *Sentier des Douaniers* (sendero de los Aduaneros). La ventaja es que aquí hay una estación de tren con aparcamiento y una carretera específica desde Le Rove. Es práctico, lo que explica que el lugar esté algo más concurrido que otras *calanques*.

Niolon es ideal para el baño, bien en las tranquilas aguas protegidas por una roca, o bien en una playa de guijarros con una vista excepcional sobre toda la ensenada de Marsella. Aprovechando que los fondos marinos aquí son magníficos, se ha instalado un centro de buceo en un antiguo fuerte militar. La cala está habitada, las casas son encantadoras y hay algunos restaurantes agradables.

Martigues

Martigues, que nació de la fusión de tres ciudades —Jonquières, Brescon y Ferrières—, se ha ganado el sobrenombre de la *Venecia de Provenza*. La ciudad debe este apodo al entrelazamiento de canales atravesados por puentes de color azul que te transportan en pocos pasos a la calma de su poética isla. El Miroir aux Oiseaux es un barrio mágico que ha inspirado a algunos de los más grandes pintores del mundo. Delacroix,

© CLODIO – ISTOCKPHOTO

Martigues.

Corot, Guigou, Ziem, Picabia o Dufy encontraron una inspiración inagotable en sus callejuelas y casas de colores. En esta pequeña isla mágica, cada puerta y cada fachada está llena de detalles que asombran al caminante. En la plaza Comtale, no dejes de visitar el palacio del mismo nombre, raro ejemplo de arquitectura civil medieval en Provenza, ni la casa del sombrero del gendarme con su característico frontón y su balcón de hierro forjado, ni las opulentas casas del siglo XIX de los números 1, 12 y 14 de la calle Lamartine, con sus fachadas de ventanas con parteluces.

■ CAPILLA DE LA ANUNCIACIÓN DE LOS PENITENTES BLANCOS
Docteur-Sérieux
Jonquières
℡ 04 42 42 31 10
Catalogada como Monumento Histórico desde 1910, esta capilla del siglo XVII posee un conjunto decorativo único en la Baja Provenza. Su sobrio exterior contrasta con el deslumbrante interior: paredes pintadas con trampantojos, artesonado esculpido, retablo dorado y techo pintado a la veneciana son algunas de las maravillas que se pueden descubrir. El altar mayor es digno de admiración. Una verdadera joya del arte barroco provenzal. Infórmate en la oficina de turismo para las visitas concertadas.

■ IGLESIA DE LA MAGDALENA
Place Rouget-de-l'isle
℡ 04 42 42 10 65
Conocida desde hace mucho tiempo como la catedral de los habitantes del pintoresco barrio del Miroir aux Oiseaux, la iglesia de la Magdalena, declarada Monumento Histórico en 1947, es una obra maestra de la arquitectura barroca

VISITA

provenzal del siglo XVII. Destacan especialmente la escultura de la *Virgen con el Niño* sobre la puerta de entrada, y el pórtico, magníficamente esculpidos y catalogados desde 1908. Al entrar en este majestuoso edificio, levanta la vista hacia el techo para contemplar los arabescos policromados de estilo Luis XIV. El altar también es interesante.

Les Saintes-Maries-de-la-Mer ⭐⭐

Cuenta la leyenda que, tras la muerte de Cristo, las santas Marie-Jacobé (María de Cleofás), Marie-Salomé (Salomé) y Marie-Sarah (Sara la Negra) desembarcaron en la Camarga en una barca. Hicieron construir un oratorio en agradecimiento por haberles salvado la vida durante su travesía desde Oriente. A partir del siglo XIX, Les Saintes-Maries-de-la-Mer se convirtió en un lugar de peregrinación donde se reúnen cada año gitanos de toda Europa. Desde la azotea de la iglesia se puede disfrutar de una hermosa vista panorámica del pueblo, la laguna de Vaccarès y el mar cercano.

■ IGLESIA DE LES SAINTES-MARIES-DE-LA-MER ⭐

Place de l'Église
℡ 04 90 97 87 60
www.saintesmaries.com
Visible desde varios kilómetros de distancia, este edificio religioso y defensivo de puro estilo románico domina el pueblo. Presenta almenas y matacanes característicos de esta arquitectura, una sola nave, una altura de quince metros y carece de ornamentación. Construida en los siglos IX y XI, adquiere cierto carácter ancestral en un país donde la mayoría de los edificios culturales datan del siglo XIX. Situada cerca de la desembocadura del Pequeño Ródano, antaño ocupaba una posición estratégica frente a las invasiones piratas y sarracenas. Su cripta, a la derecha del altar, alberga la imagen de Santa Sara, patrona de los gitanos. En el pasado, se exponían aquí las reliquias de las santas Marie-Jacobé y Marie-Salomé (halladas en la iglesia en 1448), pero debido a los incendios de la Revolución, solo se conserva una pequeña parte en los relicarios actuales. La iglesia también contiene un altar pagano que data del siglo IV a. C.

■ PARQUE ORNITOLÓGICO DEL PONT DE GAU

Carretera de Arlés
℡ 04 90 97 82 62
www.parcornithologique.com
Situado a cuatro kilómetros al norte de Saintes-Maries, este parque ornitológico se creó en 1949 con la instalación de las primeras pajareras por parte de André Lamouroux. Hoy, su historia de éxito continúa gracias al trabajo de su hijo y sus nietos, que gestionan ya sesenta hectáreas.

En este parque natural se proponen dos recorridos a través de estanques y marismas para acercarse lo más posible a las aves, sin molestarlas. El primero, muy agreste, se denomina el *Sentier du Nord*. Ofrece una visión bastante completa de la biodiversidad de la Camarga, gracias sobre todo a un observatorio juiciosamente situado desde donde podrás observar tranquilamente cercetas pardillas, ánades reales, somormujos lavancos y ánsares comunes. También podrás avistar una gran densidad de rapaces, garzas, rascones, asís como aves de picos grandes y pequeños, migratorias y sedentarias, además de nutrias. El segundo sendero serpentea entre dos estanques ocupados por una gran colonia de flamencos rosas, a los que podrás acercarte mucho. De hecho, son las verdaderas estrellas del parque, ya que a los turistas les encanta hacerse *selfies* con ellos.

Arlés ⭐⭐⭐⭐

Arlés, el municipio más extenso de Francia con 75 000 hectáreas, es la ciudad con mayor número de monumentos romanos después de Roma. Está inscrita en la lista del Patrimonio Mundial de la Unesco desde 1981. Con 52 700 habitantes, se sitúa en medio de espacios naturales excepcionales: las riberas del Ródano, la llanura del Crau, la Camarga y los Alpilles.

Durante la Edad de Hierro (siglos VIII-II a. C.), Arlés fue uno de los principales *oppida* de la céltica mediterránea. En el año 46 a. C., Julio César fundó aquí una colonia romana. A partir de entonces, se erigieron grandes monumentos y la ciudad prosperó rápidamente. Durante el reinado del emperador Constantino, recibió el sobrenombre de la «Pequeña Roma de los galos».

Su visita es imprescindible para cualquiera que visite la región. El descubrimiento en el Ródano, en 2008, del busto más antiguo conocido de Julio César sugiere que aún no se conoce todo sobre su pasado.

Si tu estancia en Arlés es corta y no te da tiempo a visitar todos los monumentos, céntrate en el anfiteatro, comúnmente conocido como Las Arenas. Recórrelo junto con el antiguo teatro (o teatro romano) situado enfrente, y antes de abandonar la ciudad, detente en una de las terrazas a la sombra del bulevar Des Lices. Si dispones de más tiempo, puedes añadir a tu lista el Ayuntamiento, el obelisco y la iglesia de San Trófimo, todos en la misma zona.

Vista general de la ciudad de Arlés.

■ **ABADÍA DE MONTMAJOUR**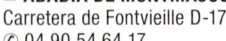
Carretera de Fontvieille D-17
☏ 04 90 54 64 17
montmajour.monuments-nationaux.fr
A 6 km al noreste del centro de la
ciudad.
Esta abadía benedictina, destinada
a albergar entre cincuenta y ochenta
monjes, testimonia ocho siglos de historia y de arquitectura, desde el año
949 hasta 1761.
El conjunto comprende la necrópolis (siglos XI-XIV), el eremitorio de San Pedro
(siglo XI), la abadía de Nuestra Señora
(siglos XII-XIII), la capilla de la Santa
Cruz (siglo XII), un claustro (siglos XII,
XIV y XVIII), la torre del Pont de l'Orme
(siglos XIV-XV) y el monasterio de San
Mauro (siglo XVIII).
Adquirida por la ciudad en el siglo XIX,
la abadía está hoy catalogada como
Patrimonio Mundial de la Unesco.

■ **LES ALYSCAMPS**
Avenue des Alyscamps
☏ 04 90 49 38 20
www.patrimoine.ville-arles.fr

«Alyscamps» significa «Campos Elíseos»
—la ciudad de los muertos en la mito-
logía griega—, en provenzal. Su origen
se remonta a la época romana, cuando
era una vasta necrópolis situada a lo
largo de la Vía Aurelia. Sin embargo,
Les Alyscamps se convirtieron en un
importante centro del cristianismo en
el siglo IV a raíz del martirio de san
Genest, ejecutado en el año 308 de
nuestra era por negarse a transcri-
bir los escritos de la persecución de
Diocleciano. En su honor se erigió una
iglesia (hoy Saint-Honorat) al final del
cementerio de Alyscamps, y este glorioso, aunque trágico, destino llevó a
personajes influyentes de la región a
querer ser enterrados allí.
Con el paso de los siglos, esta necrópolis
de origen pagano se convirtió incluso
en una etapa del Camino de Santiago,
de paso obligado para los peregrinos
provenzales que recorrían el Camino
francés. En el siglo XI, los monjes de
la abadía de San Víctor de Marsella se
hicieron cargo de ella.

© TRABANTOS - SHUTTERSTOCK.COM

Abadía de Montmajour.

© LAWRENCE BANAHAN - AUTHOR'S IMAGE

Las Arenas de Arlés.

■ ARENAS DE ARLÉS (ANFITEATRO) ★★★★
Glorieta de las Arenas
✆ 04 90 18 41 20
www.arenes-arles.com

Inspiradas en el Coliseo de Roma, Las Arenas fueron el orgullo de Arlés durante casi cuatro siglos. Este templo de los juegos podía albergar hasta 21 000 personas, que asistían a combates a muerte de gladiadores o la recreación de escenas de caza. Tras la caída del Imperio, Las Arenas se transformó en fortaleza, con la construcción de cuatro torres, casi doscientas viviendas e incluso dos capillas. Por iniciativa de Prosper Mérimée, este lugar único fue finalmente declarado Monumento Histórico en 1840.

A principios de los años 2000, las arenas de Arlés fueron objeto de importantes obras de restauración y puesta en valor. Ahora han recuperado su vocación original: albergar grandes espectáculos. Los juegos romanos del siglo I dieron paso a las corridas de toros organizadas durante las dos ferias anuales.

■ IGLESIA Y CLAUSTRO DE SAN TRÓFIMO ★★★
Place de la République
✆ 04 90 18 41 20
www.arlestourisme.com

La catedral de san Trófimo es, junto con su claustro, el conjunto románico más notable de la Provenza. La iglesia carolingia original fue transformada de arriba abajo entre 1078 y 1152. Construida en varias fases desde la época paleocristiana, la catedral de San Trófimo, tal y como la vemos hoy, data del siglo XII. El monumento presenta la planta característica de los edificios provenzales: una nave alta de cinco tramos cubierta con bóveda de cañón apuntado y flanqueada por estrechas naves laterales; un transepto muy corto, cuyo crucero está rematado por una cúpula y sostiene el campanario. Además de sus innumerables tesoros arquitectónicos, el pórtico ostenta un grupo escultórico —dedicado al Juicio Final— de una finura admirable. Adosado a este monumento excepcional se encuentra otra joya: el claustro. Su construcción vino a completar la reedificación del complejo catedralicio iniciada a finales del siglo XI. Las dos galerías románicas (al norte y al este), adornadas con esculturas, son de una calidad excepcional. Las dos galerías restantes (al sur y al oeste), con bóvedas de crucería, son de estilo gótico y no se construyeron hasta 1370-1380, aproximadamente. El claustro fue declarado Monumento Histórico en 1846.

■ FUNDACIÓN LUMA
Avenue Victor-Hugo, 35
✆ 04 65 88 10 00
www.luma.org/arles
Luma Arles es un centro cultural que financia y apoya proyectos de artistas relacionados con el medio ambiente, los derechos humanos, la cultura y la educación. Concebido y puesto en marcha por

Traje tradicional de la ciudad.

Maja Hoffman en 2013, brinda a artistas innovadores la oportunidad de presentar obras por encargo en diversos lugares de la ciudad de Arlés. Luma Arles se articula alrededor de seis edificios industriales restaurados, de un centro de recursos artísticos y jardines, pero sobre todo de un increíble edificio moderno diseñado por Frank Gehry. En este edificio, cuyas paredes de 10 000 ladrillos de acero inoxidable reflejan el cielo azul de la Provenza, se desarrollan multitud de actividades en torno a la fotografía y las artes visuales en general.

■ MUSEO DEPARTAMENTAL DEL ARLÉS ANTIGUO
Península del Cirque-Romain
✆ 04 13 31 51 03
www.arles-antique.cg13.fr
Inaugurado en 1995, este moderno edificio, conocido cariñosamente en Arlés como el Museo Azul, diseñado por el arquitecto Henri Ciriani, alberga las colecciones arqueológicas prerromanas y posromanas de la ciudad. En él se abordan diferentes temáticas, que abarcan desde la Prehistoria hasta la Antigüedad tardía (siglos IV al VI), pasando por la Protohistoria y el Alto Imperio. Aquí se puede contemplar el famoso busto de César hallado durante las excavaciones en el Ródano.

■ MUSEO RÉATTU
Grand-Prieuré, 10; ✆ 04 90 49 37 58
www.museereattu.arles.fr
Durante tu visita a Arlés, sería una pena no detenerse aquí. El Museo Réattu es un lugar mágico, incluso magnético, tanto por su posición estratégica, que ofrece una vista impresionante del Ródano, como por la calidad de las obras expuestas. En las salas de este antiguo priorato

de la Orden de Malta, erigido a finales del siglo XV, se pueden descubrir obras de artistas contemporáneos, como Picasso y, por supuesto, muchos cuadros de Jacques Réattu. Es un lugar fascinante, con una arquitectura soberbia y una escalera medieval a la altura.

■ PARQUE NATURAL REGIONAL DE LA CAMARGA ★★★★

Mas du Pont-de-Rousty
℡ 04 90 97 10 40
www.parc-camargue.fr

El Parque Natural Regional de la Camarga es una visita obligada en la región de Provenza-Alpes-Costa Azul. Creado el 25 de septiembre de 1970, es uno de los 58 parques naturales regionales de Francia. Situado a orillas del Mediterráneo, en el delta del Ródano, su territorio abarca cien mil hectáreas, 75 km de fachada marítima y se reparte en tres municipios: Arlés, Port-Saint-Louis-du-Rhône y Les Saintes-Marie-de-la-Mer. La Camarga tiene una población de unos 10 000 habitantes, y su baja densidad —10 habitantes por km²— la convierte en una de las zonas menos pobladas de la región. Es famosa por sus excepcionales paisajes: marismas, campos, arrozales…

Se trata de la mayor zona húmeda de Francia, donde la gestión del agua es primordial y el paisaje ha sido profundamente modelado por la mano del hombre. El Ródano y el Mediterráneo se han contenido aquí gracias a la construcción de un dique marítimo y al encauzamiento de los ramales del río. El hombre ha trabajado así en simbiosis con la naturaleza, creando una impresionante red de irrigación y drenaje que ha permitido el crecimiento de las industrias de la sal y el arroz, hasta el punto de convertirse

Puesta de sol en la Camarga.

hoy en uno de los sectores emblemáticos de la Camarga, junto con el turismo, por supuesto.

El Parque Natural Regional de la Camarga es también un humedal de gran interés para los ornitólogos. Lugar de acogida de aves migratorias, ha sido clasificado como Reserva de la Biosfera por la Unesco. Se sitúa, en efecto, en el eje migratorio de aves procedentes del norte de Europa hacia África. Así, pueden verse aquí dos tercios de las aves de Europa: solo en el estanque de Vaccarès anidan 276 especies.

En el parque se han habilitado varias rutas para la observación de aves: ibis, ánsares comunes, cigüeñas blancas, cigüeñuelas y, por supuesto, los flamencos rosas, que forman parte de la imagen de la Camarga. Aquí se ven flamencos rosas durante todo el año,

VISITA

© TOM PEPEIRA - ICONOTEC

© PHOVOIR

Caballos de la Camarga.

¡hasta 30 000 en verano! El estanque de Fangassier alberga una isla de nidificación, lo que convierte a la Camarga en la principal zona de cría del flamenco rosa en Europa. Para contemplarlos de cerca sin molestarlos, se puede visitar el parque ornitológico de Pont de Gau, en Les Saintes-Marie-de-la-Mer. Otras especies particularmente presentes en el Parque Natural Regional de la Camarga son los patos, que acuden aquí por decenas de miles cada año para pasar el invierno —son especialmente comunes cerca del estanque de Vaccarès—, y las grullas grises, cuyo número no deja de aumentar.

La Camarga también es famosa por sus caballos blancos y toros. Se crían en manadas al aire libre dirigidas por un guardián. Aunque los caballos se pueden ver de cerca, no ocurre lo mismo con los toros, que hay que observarlos a distancia. Se puede aprovechar la visita a una manada para reservar un paseo a caballo por los numerosos estanques de la Camarga. Pero si no te gusta montar a caballo, siempre podrás hacerlo en bicicleta. Tendrás tiempo suficiente para detenerte en las playas o a lo largo de los pequeños senderos que atraviesan los arrozales y las marismas para disfrutar de las vistas y de la naturaleza.

En el corazón del delta de la Camarga se ha trazado un itinerario que va desde el dique hasta el mar. En total, se han habilitado 20 km de senderos para peatones y ciclistas, con paneles informativos que ofrecen más detalles sobre la flora y la fauna locales. A pie, el recorrido requiere entre 4 y 5 horas de ida y vuelta; en bicicleta de montaña, entre 2 horas y media y 4 horas, dependiendo de las condiciones meteorológicas. No olvides llevar agua, comida y protección contra el sol… y los mosquitos, que también forman parte de la fauna local.

La Camarga es conocida por sus marismas y lagunas, pero también cuenta con hermosas playas de arena blanca donde relajarse. Sus 73 km de costa, que se extienden desde la playa de L'Espiguette hasta La Gracieuse, también son famosos por sus ricos fondos marinos, donde habitan rayas estrelladas, rayas torpedo y lenguados.

La playa de L'Espiguette es sin duda una de las más bellas de la Camarga, sobre todo por su carácter salvaje. Forma parte del Grand Site de la Camargue Gardoise. Para llegar a ella, hay que atravesar un centenar de metros de dunas, antes de encontrarse ante una extensión de 10 km de arena fina frente al mar. La playa de Beauduc también merece la pena: se llega a ella tras atravesar varias marismas y una pista sin asfaltar. Esta inmensa playa, en medio de un espacio natural protegido, es de visita obligada: es una maravilloso ejemplo de la belleza de la Camarga.

■ TEATRO ANTIGUO ★★★
Rue de la Calade
✆ 04 90 18 41 20
www.arlestourisme.com

Uno de los grandes monumentos de la arquitectura romana en Provenza, el antiguo teatro de Arlés fue construido en el siglo I a. C., durante el reinado del emperador Augusto. El teatro formaba parte de un amplio proyecto de urbanización que incluía, entre otras construcciones, el arco del Ródano y el foro. Tiene más de 102 metros de diámetro y contaba, en su época de esplendor, con treinta y tres filas de asientos (la mayoría ha desaparecido), que podían albergar hasta diez mil espectadores. Aunque los espectáculos eran gratuitos para todo el pueblo, las clases sociales no se mezclaban allí, ya que el pueblo se agolpaba en la parte alta, mientras que los notables se sentaban cerca del escenario. Su recinto exterior tenía tres filas de arcadas ricamente decoradas con estatuas monumentales. Entre ellas, la estatua de Augusto que se expone en el Museo de Arlés Antiguo, y la Venus de Arlés, actualmente en el Museo del Louvre.

Fortificada en la Edad Media, como lo atestigua la torre Roland, vio cómo se construían entre sus muros casas parasitarias, el colegio de los jesuitas

VISITA

© TRABANTOS - SHUTTERSTOCK.COM

Termas de Constantino.

y un convento de las Hermanas de la Misericordia. Expoliada por sus materiales, reutilizados en ocasiones en la construcción de edificios cercanos, no fue redescubierta hasta el siglo XVII, aunque las excavaciones propiamente dichas no comenzaron hasta 1828, así como la demolición de los edificios que se habían construido en el interior.

Es un sitio singular: la columnata, de la que solo se conservan (aproximadamente) dos columnas, y todos esos fragmentos de historia dejados como si estuvieran abandonados lo hacen especialmente encantador. Es divertido perderse en los pequeños laberintos de los grandes bloques de piedra esparcidos por el lugar, y escudriñar los detalles grabados en los fragmentos: aquí se puede ver un trozo de inscripción latina, allí una flor, y allí un capitel corintio.

Totalmente restaurado, el recinto es hoy mucho más funcional y ofrece nuevas atracciones: en verano, los martes y jueves por la mañana, demostraciones de juegos romanos, ideales para los niños. Y todavía, como indica el gran escenario en el centro del teatro, frente a las gradas restantes, la acogida de numerosos festivales como Rencontres Internationales de la Photographie, el Festival de Musique des Suds o el festival de cine Péplum. Los dos primeros tienen lugar en julio, el último en agosto.

■ TERMAS DE CONSTANTINO
Rue du Grand-Prieuré
℘ 04 90 52 02 06
Las termas de Constantino se construyeron en el siglo IV, cuando el emperador residía en la ciudad. Se trata de los vestigios de un establecimiento que, hasta la Edad Media, se consideraban erróneamente las ruinas de un palacio.

Hoy sabemos que no era así. Las termas del norte, entre las mejor conservadas de Francia, se excavaron parcialmente en el siglo XIX y están declaradas Monumento Histórico desde 1840. Son propiedad de la ciudad de Arlés y se encuentran en un estado de conservación bastante notable.

Fontvieille

Inmortalizado por Alphonse Daudet, quien vivió aquí desde 1864, en *Cartas desde mi molino,* Fontvieille disfruta de días tranquilos al ritmo de las tradiciones provenzales. Por su carácter auténtico, con sus casas de piedra, sus viejos pozos y las calles antiguas, el pueblo impone su encanto por sus atractivos históricos, patrimoniales y culturales. Inevitable, el famoso molino de Daudet es de visita obligada para cualquier visitante de paso.

■ CASTILLO DE MONTAUBAN
Chemin de Montauban, 21
℘ 04 90 54 75 12
Esta residencia, celebrada en el prefacio de *Cartas desde mi molino*, fue ante todo un lugar tranquilo para el escritor Alphonse Daudet: «Bendita casa, cuántas veces he venido aquí para reencontrarme con la naturaleza, para curarme de París y de sus fiebres». Este lugar de vacaciones, que se distingue por su fachada a dos aguas de principios del siglo XIX, es hoy un museo. En la primera planta encontrarás colecciones arqueológicas medievales descubiertas en el lugar, que hablan del castillo antes de Daudet.

■ IGLESIA DE SAINT-PIERRE-ÈS-LIENS
La construcción de la iglesia de Fontvieille, que se terminó provisionalmente en 1695, se pudo llevar a cabo

gracias a la donación del terreno por el abad de Montmajourse. Su fachada se reconstruyó en 1765 y la torre del reloj en 1866, lo que explica la diferencia de estilos. Incluso se hicieron modificaciones exteriores durante el siglo XIX. Tras la Revolución, se utilizó como salón comunal y fue consagrada de nuevo a finales del siglo XIX. Se trata de una encantadora iglesia de un pueblo provenzal.

■ MOLINOS

Oficina de Turismo; ✆ 04 90 54 67 49 Aparte del famoso molino Alphonse Daudet, hay otros tres que vale la pena visitar. En primer lugar, el molino Tissot-Avon, construido a principios del siglo XIX. También está el molino Sourdon, en la pequeña colina a la derecha según se sube por la senda de los pinos. Y por último, el molino Ramet, erigido a principios del siglo XIX y situado entre los molinos Daudet y Tissot-Avon. Su visita permite realizar un pequeño paseo temático.

Les Baux-de-Provence

Situado en el corazón de los Alpilles, sobre una meseta rocosa, Les Baux domina Arlés y la Camarga, y ofrece una panorámica excepcional. Restaurado con esmero, el pueblo posee un patrimonio histórico incomparable, con no menos de veintidós elementos arquitectónicos declarados Monumentos Históricos. El castillo y la iglesia de San Vicente bien merecen una visita, al igual que el ayuntamiento, las capillas y los palacetes, que constituyen verdaderas obras maestras que descubrir. En la salida norte del pueblo (D-27), también se pueden visitar las mágicas canteras de Lumières.

■ CANTERAS DE LUMIÈRES

Carretera de Maillane
✆ 04 90 49 20 03
carrieres-lumieres.com/fr

VISITA

Les Baux-de-Provence.

Espectáculos multimedia únicos en el mundo, en un entorno mágico. Bienvenido/a a las canteras de Lumières de Les Baux-de-Provence, en el corazón de los Alpilles. Concebidas y gestionadas por la Fundación Culturespaces, principal operador cultural privado al frente de numerosos monumentos y museos en Francia, las Carrières de Lumières ofrecen una experiencia sensorial inmersiva que permite descubrir las obras de artistas célebres de una forma completamente nueva.

Pero, ¿qué es exactamente una experiencia inmersiva? Es una revolución en el mundo del arte. Gracias a la tecnología AMIEX®, miles de imágenes de obras de arte digitalizadas se proyectan en muy alta resolución sobre enormes superficies y se ponen en movimiento al ritmo de la música para desplegar un escenario lleno de poesía. La idea es desmaterializar la obra de arte para hacerla propia. Cada exposición se concibe para estar en completa y perfecta armonía con el lugar que la acoge. Así, los 6000 m^2 de las canteras vibran al ritmo de las imágenes y, sobre todo, del sonido, que puede activarse a distancia para acompañar a los visitantes en su deambular. Es el lugar perfecto para una excursión en familia.

■ CASTILLO DE LES BAUX-DE-PROVENCE ★★★

Castillo de Baux. Rue du Trencat
✆ 04 90 49 20 02
www.chateau-baux-provence.com
Es un auténtico faro erigido sobre un gigantesco espolón rocoso que vigila el valle de Les Baux desde el siglo XI. Al contemplar su descarnada silueta de piedra gris roída por el tiempo, resulta fácil imaginar su antigua grandeza y poder. El castillo de Les Baux-de-Provence es, en efecto, un edificio de primer orden, un lugar emblemático desde el que se domina la llanura hasta donde alcanza la vista. Su función militar es incuestionable y, al caer la tarde, cuando su perfil fantasmal se recorta contra el sol poniente, casi se puede oír el choque de las espadas que responden a los gritos de guerra de los combatientes.

En la cima, en la meseta superior, se alzan auténticas máquinas de guerra —reproducciones, por supuesto— que parecen montar guardia. Fundíbulos, mangoneles y catapultas esperan tanto al enemigo como al visitante. También merece la pena echarle un vistazo a otros elementos del conjunto, como la torre sarracena, orientada al sur, la torre del homenaje, las casas trogloditas, la capilla castral, el llamado «agujero de

Castillo de Les Baux-de-Provence.

la liebre», la cisterna, la casa del horno, los palomares, las salas bajas y el patio de armas… sin olvidar, por supuesto, el pueblo, cuyas callejuelas se llenan de visitantes en verano.

En verano, el castillo cobra vida con visitas guiadas temáticas, exposiciones y eventos medievales. Descubrir el castillo de Les Baux es como hacer un viaje en el tiempo

■ **MUSEO DES SANTONS** ⭐

El edificio del siglo XVII del antiguo cuerpo de guardia que protegía la puerta de Eyguières, la entrada al pueblo, alberga ahora el museo de figuras del belén (*santons*). Ha reabierto sus puertas con una nueva museografía, una colección enriquecida con piezas napolitanas excepcionales, escenas que ilustran las tradiciones provenzales y *baussas* vinculadas a la Natividad, y un documento filmado sobre la fabricación de las figuras. Este Museo de Francia alberga 115 *santons* vestidos, 83 pintados y 24 figuritas napolitanas. ¡Un auténtico mundo en miniatura!

■ **VAL D'ENFER** ⭐⭐

Situado al pie del pueblo de Les Baux, el Val d'Enfer es un lugar sorprendente. El nombre ya da escalofríos, pero al contemplar las formas esculpidas en la roca caliza por la erosión, se comprende mejor que los antiguos creyeran que aquí se abrían las puertas del infierno. En una nota, Frédéric Mistral sugería que Dante podría haberse inspirado en este paraje para imaginar su *Infierno*.

Atención: según el calor y el viento, el Val d'Enfer puede estar vedado a los excursionistas. En cualquier caso, el lugar parece impregnado de misterio. Único e inolvidable.

© IMAREVA - SHUTTERSTOCK.COM

Val d'Enfer.

VISITA

Saint-Rémy-de-Provence ⭐⭐⭐

En Saint-Rémy encontrarás encanto y tranquilidad al pasear por sus callejuelas rodeadas de plátanos o sentado en una de sus numerosas terrazas. La ciudad está animada todo el año, ya sea por su mercado semanal, sus encierros o por sus numerosas exposiciones. La gente viene aquí motivada por las grandes figuras que han dejado su huella en la localidad: Frédéric Mistral, Vincent van Gogh, Charles Gounod, Albert Gleizes, Joseph Roumanille, Nostradamus… Pero también por el antiguo convento, los vestigios romanos y las míticas fuentes en el cruce de las calles.

■ **LES ANTIQUES** ⭐⭐

Carretera de Les Baux-de-Provence – D-5; ☎ 04 90 92 05 22
www.saintremy-de-provence.com

A la entrada del yacimiento arqueológico de Glanum.

Les Antiques son dos monumentos que marcaban la entrada a la ciudad en la antigüedad. Se trata de un arco de triunfo y de otro monumento llamado impropiamente «mausoleo», pero que probablemente nunca albergó ningún resto. Este edificio consta de una base decorada con bajorrelieves, coronada por un arco cuadrifronte y un *tholos* (templo redondo). Esta característica arquitectónica lo hace único. El arco de triunfo evoca la conquista de las Galias por César. Ambos monumentos han recuperado su antiguo esplendor.

A 2 km al sur de Saint-Rémy, al lado de Les Antiques y del yacimiento arqueológico de Glanum.

Vincent Van Gogh estuvo internado en el asilo de Saint-Paul, ubicado en el antiguo monasterio, desde mayo de 1889 a mayo de 1890. Aquí pintó 150 de sus lienzos más famosos. Dividido en varios sectores, el recinto, gestionado por una asociación, está dedicado al cuidado. Incluye este centro cultural, que alberga el claustro románico, una reconstrucción de la habitación de hospital de Van Gogh, el campo Van Gogh, la galería de arte Valetudo, etc. Un lugar de inclusión que combina cuidados, arte y cultura.

■ **CENTRO CULTURAL Y TURÍSTICO VAN GOGH** ⭐
Antiguo monasterio
Camino Saint-Paul
✆ 04 90 92 77 00
www.saintpauldemausole.fr

■ **YACIMIENTO ARQUEOLÓGICO DE GLANUM** ⭐⭐
Carretera de Les Baux de-Provence – D-5
✆ 04 90 92 23 79
www.site-glanum.fr

Centro Cultural y Turístico Van Gogh.

Ruinas de Glanum.

Eygalières.

VISITA

El yacimiento de Glanum te propone un viaje en el tiempo. A pocos minutos del centro del pueblo, en la carretera de Les Baux, no tiene pérdida. Frente a la entrada, a la derecha, el arco del triunfo y el mausoleo conocido como Les Antiques sirven de puntos de referencia. Glanum, antiguo pueblo romano, recibió primero la influencia de los griegos y después de los romanos. Se pueden ver numerosos vestigios magníficos, tan bien restaurados que se puede imaginar perfectamente la topografía de la antigua ciudad.

Eygalières

Auténtica postal de la Provenza, este pequeño pueblo, a solo cinco minutos de Saint-Rémy-de-Provence, conserva todo su encanto y autenticidad. Sus exuberantes valles verdes, sus olivares y viñedos, sus hileras de cipreses y sus hermosos cielos azules lo convierten en un destino popular. Siguiendo la calle principal, desvíate hacia las ruinas del castillo, la explanada de la antigua torre del homenaje y hacia la iglesia de San Lorenzo. Por último, es imprescindible visitar la capilla de los Penitentes. Aquí descubrirás no solo el Musée du Vieil Eygalières (Museo del Antiguo Eygalières), sino también, y especialmente, una espléndida panorámica sobre la montaña de la Caume, los Alpilles y el río Durance.

■ CAPILLA DE LOS PENITENTES BLANCOS

✆ 04 90 95 95 21

La capilla de los Pénitents Blancs alberga el Musée du Vieil Eygalières, creado por Maurice Pezet, antiguo maestro de escuela del pueblo, que contiene una gran cantidad de documentos y objetos que trazan la historia del pueblo. Incluye testimonios prehistóricos y protohistóricos de la región de Eygalières, así como documentos procedentes de archivos locales y departamentales, de la Edad Media y la época moderna. Sílex, cerámica, herramientas agrícolas y fotografías antiguas reconstruyen la memoria de siglos pasados.

VAR

Le Castellet ★ ★ ★

Fundado en el año 950 para protegerse de los bárbaros, el pueblo fue fortificado en la época medieval y aún conserva numerosos vestigios y murallas. Se entra en él por dos puertas fortificadas: la gran puerta del sur y el portalón del este. En la cima del pueblo se alza el antiguo castillo, hoy parcialmente ocupado por el ayuntamiento. En lo alto, un balcón de piedra, al que se accede a través de una poterna, el *Trou de Madame,* permite disfrutar del paisaje de los valles circundantes. Al oeste del castillo, la iglesia de San Salvador, construida en el siglo XII, presenta aspilleras en forma de almenas. Las estrechas y sinuosas calles del pueblo acogen hoy a numerosos artesanos, artistas y galerías de arte.

Bandol ★ ★ ★

La llegada del ferrocarril a la costa y a Bandol en 1859 cambió profundamente la fisonomía de la ciudad, facilitando la llegada de numerosos turistas, algunos de ellos célebres, que precedieron a las multitudes tras la Primera Guerra Mundial. Thomas Mann, Katherine Mansfield, Aldous Huxley, los hermanos Lumière, Marcel Pagnol, Mistinguett, Jules Muraire, alias Raimu, que poseía una villa aquí, y Fernandel hicieron de Bandol una localidad turística de moda. El lema de la localidad, *Dux et navigantium securitas* (Guía y protectora de los navegantes), refleja muy bien las cualidades de su puerto, que desde la antigüedad ha sido un excelente refugio para los navegantes y que en la actualidad cuenta con más de 1600 amarres.

Puerto de Bandol.

© BANDOL TOURISME

VISITA

Paisaje por el que transcurren los senderos de la costa.

Bandol es una de las mayores y más antiguas localidades turísticas de la costa, con once playas de guijarros y peñascos al oeste y playas de arena dorada al este.

■ **SENDEROS DE LA COSTA** ⭐⭐
Itinerario completo, de Saint-Cyr-sur-Mer a Bandol, 12,50 km. Duración de 3,5 a 4 h.
El sendero señalizado de la costa de Saint-Cyr a Bandol revela todos sus tesoros a los caminantes que se toman la molestia de descubrirlos: encinas, pinos piñoneros, chumberas, halcones peregrinos (bastante raros)… El recorrido comienza en la pequeña playa de Reinette y termina en Bandol, en la playa de Rènecros. A lo largo del sendero, hay numerosas puntas (Pointe Grenier, Pointe Fauconnière, Pointe des Trois-Fours, Pointe du Défens), que permiten disfrutar de unas vistas preciosas. A mitad de camino, se llega a la idílica cala de Port-d'Alon.

Tolón ⭐⭐

Situada frente al monte Faron y abierta a la rada, Tolón recibió el nombre de Telo Martius tras su fundación, probablemente por los romanos. Con el paso del tiempo, el nombre cambió a Telonensis, Tolonensis, Tholon y, por último, Tolón (Toulon en francés) en su grafía actual. Hasta la primera mitad del siglo XX, el devenir de la ciudad estuvo marcado por las distintas guerras y el penoso destino de ser un puerto militar, que culminó con el hundimiento de la flota en el puerto el 22 de noviembre de 1942, para evitar que cayera en manos de las fuerzas del Eje. Tolón, ciudad de rico pasado, está decididamente orientada hacia el futuro: a menos de cuatro horas de París en el TGV Méditerranée, es también el enlace diario entre Córcega y el continente. No hay mejor excusa para dejarse hechizar por su clima, sus monumentos, sus parajes naturales o incluso sus manifestaciones culturales y deportivas.

■ MEMORIAL DEL DESEMBARCO Y DE LA LIBERACIÓN DE PROVENZA ⭐⭐

Carretera del Faron, 8458
Monte Faron
✆ 04 94 88 08 09
www.memorialdumontfaron.fr

Solicitado e inaugurado el 15 de agosto de 1964 por el general de Gaulle, el Memorial honra la memoria de los hombres y mujeres que participaron en el desembarco en las playas de Var el 15 de agosto de 1944 y en la liberación de la Provenza. A menudo olvidado en favor de Normandía, el desembarco de Provenza subraya sin embargo el papel esencial de Francia en la guerra: de los 330 000 soldados que participaron en la operación, más del 70 % eran franceses. Reinaugurado por el Presidente de la República en 2017, tras 18 meses de cierre y un año de obras, el renovado Memorial recrea fielmente la realidad de los sucesos históricos, militares y políticos de la época. Los acontecimientos se explican de forma muy didáctica, dando prioridad en el recorrido a los testimonios de primera mano y a los aspectos cronológicos y temáticos de los hechos. El Memorial es una estructura pedagógica adaptada al siglo XXI, que utiliza recursos de vídeo y audio que hacen el espacio muy atractivo. Poco a poco, el espectador se sumerge en el pasado, donde se exploran todas las facetas de aquella época. Una película proyectada en una pantalla de 17 m de largo recuerda todas las maniobras militares entre el 15 de agosto de 1944, día del desembarco, y el 28 de agosto, día en que se consumó la liberación de la Provenza.

Con vistas al puerto de Tolón y accesible en teleférico, el Memorial, instalado en un antiguo fuerte del siglo XIX, ofrece unas vistas excepcionales.

■ MONTE FARON Y TELEFÉRICO ⭐⭐

Boulevard Amiral Vence
✆ 04 94 92 68 25
www.telepherique-faron.fr

En el puerto, toma el autobús 40 hasta la estación del teleférico.

La montaña de Tolón se eleva a 584 metros y su nombre procede del provenzal «faro». Para llegar, puedes seguir una pequeña carretera serpenteante o subirte a una de las cabinas rojas del teleférico. El viaje de seis minutos del mar a la montaña es único en Francia, y casi en el mundo… En la cima te esperan el parque de animales Faron, el memorial del desembarco de Provenza y una pequeña capilla.

Centro Cultural y Turístico Van Gogh.

© I.R.S - SHUTTERSTOCK.COM

Rada de Tolón.

■ MUSEO NACIONAL DE LA MARINA ⭐⭐

Muelle de Norfolk. Place Monsenergue Entrada al Arsenal – Puerto de Tolón
℡ 04 22 42 02 01
www.musee-marine.fr/toulon
Autobuses: 7, 23, 40, U (para la universidad), parada Préfecture Maritime.
Creado a finales del Primer Imperio (1804-1814), este museo es la memoria del arsenal. Recorre su historia de forma didáctica a través de una colección de barcos, maquetas y mascarones de proa. También se dedican espacios a Vauban, a la historia de la colonia penal de Tolón y a la marina desde la Segunda Guerra Mundial hasta nuestros días. Además de las visitas guiadas, el museo ofrece una amplia gama de actividades para todas las edades, incluidos eventos familiares.

■ RADA DE TOLÓN ⭐⭐

Muelle Cronstadt
Autobuses 3, 6 y 23, y barco-bus 8M, 18M y 28M.
Apodada «la rada más bella de Europa», el puerto de Tolón se extiende desde la península de Giens, al este, hasta la península de Saint-Mandrier, al oeste. De hecho, está dividida en dos partes, conocidas como la *grande rade* (donde se encuentran las playas del Mourillon y las calas de las ensenadas de Magaud y Méjean) y la *petite rade*.
En el muelle Cronstadt, varios barqueros ofrecen visitas guiadas a esta última, durante las cuales podrás descubrir la torre Real, el fuerte Balaguier, el puerto de La Seyne-sur-Mer, la cornisa de Tamaris y la encantadora bahía del Lazaret.

■ CASCO ANTIGUO ⭐⭐

▶ **Calle de Alger.** Esta calle sinuosa es sin duda la más famosa de Tolón. Desciende desde la plaza Puget hasta el puerto y alberga un millar de tiendas de todo tipo, desde las grandes firmas de moda hasta las pequeñas y económicas *boutiques* y joyerías. Está atravesada por multitud de callejuelas peatonales, placetas y cruces para ir de una calle a otra: ¡te encantará perderte por aquí! Termina en el puerto, frente a la estación marítima, donde los barcos-bus comunican los puertos de Saint-Mandrier, La Seyne-sur-Mer, Les Sablettes y Tamaris. A un tiro de piedra, a la izquierda, se encuentra la espléndida escultura en bronce del *Génie de la Navigation,* de Louis Daumas.

▶ **Plazas peatonales en el centro de la ciudad.** La plaza Puget, donde se alza la fuente de los Tres Delfines (del escultor Chastel), está tan cubierta de musgo que te costará distinguir los famosos delfines. La plaza Saint-Vincent y su fuente del siglo XVII. La Place à l'Huile y la Maison des Têtes, decorada con veintisiete caras con diferentes expresiones. En la plaza Raimu, un grupo de estatuas de bronce representa la famosa partida de cartas del César de Marcel Pagnol, en la que Raimu hace de sí mismo.

▶ **Paseo Lafayette.** El Cours Lafayette, totalmente peatonal, fue apodado «le pavé d'amour» (la calle del amor) porque las parejas solían venir aquí a charlar. De martes a domingo, acoge uno de los mercados más famosos de la Provenza, que inspiró al tolosano Gilbert Bécaud para escribir una de sus canciones más célebres. Aquí encontrarás cafés, restaurantes y tiendas de todo tipo. En la calle Paul Lendrin, conocida como el *petit cours,* podrás degustar el mejor *cade* (torta fina de la Provenza) de la ciudad en Cademan, de acertado nombre. Al fondo del Cours, en la esquina con la calle de la République, admira la arquitectura barroca de la iglesia de San Francisco de Paula, cuya primera piedra se colocó en 1744.

▶ **Calle Pierre Sémard, conocida como la calle de las Artes.** ¡El viento del arte sopla ahora por la calle Pierre Sémard! Inaugurada a principios de 2017, esta importante vía del casco antiguo ha adquirido un aspecto totalmente nuevo. Galerías de arte y talleres-boutiques de artistas han tomado el relevo: este pequeño rincón del corazón de Tolón ha recuperado su pedigrí convirtiéndose en un importante centro cultural.

© KEVIN HELLON - SHUTTERSTOCK.COM

Cours Lafayette.

Fuerte de San Luis.

VISITA

▶ **La contigua Place de l'Equerre** también se ha renovado: desde 2017, alberga multitud de cafés, bares, tiendas y restaurantes conceptuales. También es el escenario habitual de eventos culturales y musicales. En verano, es ideal para tomar un refrescante aperitivo al final del día.

■ **FUERTE DE SAN LUIS** ⭐⭐
Puerto de Mourillon
Litoral Frédéric Mistral
Construida en 1692 por orden de Vauban, esta torre se llamaba originalmente *Tour des Vignettes*. Su función era advertir de la presencia del enemigo. Tuvo su momento de gloria en 1707, durante el asedio de Tolón por los navíos de la coalición anglo-española, en el marco de las guerras de sucesión al trono español que reclamaba el rey Luis XIV. Totalmente destruida, fue reconstruida en su forma original y rebautizada con el nombre de fuerte de San Luis. El 15 de agosto, los fuegos artificiales son uno de los espectáculos estivales más populares.

■ **SENTIER DES DOUANIERS** ⭐⭐
Los toloneses de adopción y los que han nacido aquí lo tienen claro: el sendero de la costa, más conocido como *Sentier des douaniers* (fue creado en 1791 por la administración aduanera para vigilar la costa), es imprescindible para descubrir Tolón. Es un bonito paseo (unas 4 horas ida y vuelta) hasta la ensenada de Magaud. Pinos, correhuelas en flor, acantos, cinerarias, *centranthus* y plantas exóticas dan color al sendero.

Hyères ⭐⭐⭐

Fundada por los focenses de Massalia (Marsella) en el siglo IV a. C., la ciudad de Olbia creció rápidamente gracias al comercio de pieles, aceite y vino, así como de la sal de las salinas cercanas. En el siglo XVII, Hyères ya era famosa por la suavidad de su clima. Más tarde, las estancias de Pauline Borghese, Víctor Hugo, Tolstoi y la reina Victoria aumentaron su notoriedad. La llegada del ferrocarril ayudó a sacar a la ciudad de su aislamiento, que, tras la Primera Guerra Mundial, y especialmente después de la Segunda, con la creación del aeropuerto, se convirtió en un centro turístico de primer orden, gracias a los enclaves vinculados a Hyères: la península de Giens y las islas de Oro: Porquerolles, Port-Cros y Le Levant.

■ ANTIGUO LAVADERO
Rue du Repos
Construido en 1888, el *Lavoir,* que había permanecido abandonado durante mucho tiempo, fue completamente restaurado en 2018. Se accede a él directamente desde la plaza de Saint-Paul por una escalera.
El espacio consta de tres partes: la zona superior, la plataforma del lavadero y la zona inferior, que consiste en un jardín. La plataforma del lavadero es la parte más interesante, con losas de lava esmaltadas con fotos de archivo. La vista de las islas de Oro desde aquí es impresionante. Abajo, el jardín alberga exposiciones temporales.

■ COLEGIATA DE SAN PABLO
Fénelon, 24
℗ 04 94 00 82 44
Situada en la plaza de Saint-Paul, recientemente restaurada, la construcción de esta iglesia está atestiguada en 1182 por un documento de Alfonso I, conde de Provenza. La pequeña iglesia románica fue ampliada a finales del siglo XIV y principios del XV en estilo gótico por los obispos de Tolón, que eligieron Hyères como lugar principal de residencia. Establecida como colegiata en 1572, alberga una de las mejores colecciones de exvotos de Francia, con unos 450. También cuenta con magníficas vidrieras y retablos.

■ ÁREA NATURAL DE LAS SALINAS DE HYÈRES
Calle Saint Nicolas
℗ 04 94 01 09 77
Las salinas de Hyères constituyen uno de los espacios naturales más notables de la costa del departamento de Var. Se accede fácilmente en coche o incluso en bicicleta desde el centro de Hyères. Forman un conjunto de humedales compuesto por dos unidades diferenciadas: la salina de Pesquiers, con la marisma de Redon, que ocupa un total de 550 hectáreas en la parte central del doble tómbolo de la península de Giens, y las Viejas Salinas, de 350 hectáreas, que se extienden a lo largo de casi tres kilómetros de costa.
Favorables al desarrollo de la biodiversidad, estos parajes ofrecen un conjunto de hábitats idóneos para la flora y la fauna, y albergan ya más de 350 especies de aves y 300 variedades de plantas.

■ PARQUE OLBIUS RIQUIER
Avenue Ambroise Thomas
℗ 04 94 00 78 65
https://hyeres.fr/parcs-et-jardins/
Este magnífico espacio verde de siete hectáreas acoge más de dos mil árboles, con muchas variedades de palmeras, ficus y cactus, así como especies tropicales en su exótico invernadero. También alberga una reserva de animales, con gamos, emús, monos y minás del Himalaya. Catalogado como *Jardin Remarcable,* es además un auténtico paraíso para los más pequeños, con un parque infantil, paseos en poni, un tren en miniatura, un tiovivo y zonas de juego.

■ PLAYAS DE HYÈRES
Con sombra, familiar, salvaje o aislada, con sus cuarenta kilómetros de costa,

Hyères ofrece numerosas opciones para el baño. Casi todas las playas disfrutan de arena dorada y aguas cristalinas, y hay tantas, repartidas a lo largo de la costa, que puedes seleccionar una cada día. Las playas de L'Almanarre, L'Ayguade, Les Salins y La Bergerie han sido galardonadas con la Bandera Azul. La playa de La Madrague, mitad de arena y mitad de guijarros, es una de las más pintorescas.

■ **YACIMIENTO ARQUEOLÓGICO DE OLBIA**

RD-559

Barrio de Almanarre

✆ 04 94 65 51 49

Una visita siguiendo las huellas de los focenses, los griegos de Marsella, que fundaron una fortaleza al borde del golfo de Giens a mediados del siglo IV a. C. Llamada Olbia, esta pequeña ciudad dotada de puerto formaba entonces parte de una red de colonias fortificadas y debía proteger de la piratería a los barcos que se dirigían a Italia. En el siglo I a. C., Olbia pasó a dominio romano, aunque su actividad económica perduró. Hoy en día, es la única ciudad de origen griego situada en Francia que se conserva íntegra y abierta al público.

■ **VILLA NOAILLES**

Montée Noailles

✆ 04 98 08 01 98

www.villanoailles-hyeres.com

Este templo de la modernidad, diseñado por el arquitecto Robert Mallet-Stevens entre 1923 y 1925, con ampliaciones y anexos realizados hasta 1933, presenta el aspecto de un conjunto de cubos superpuestos, dispuestos en función del relieve del terreno y del recorrido del sol. Muchos artistas frecuentaron esta villa. Abandonada tras la muerte de Marie-Laure de Noailles en 1972, la villa fue comprada por la ciudad de Hyères y transformada en un centro de arte, arquitectura, moda, fotografía y diseño. Todos los años se celebra aquí el Festival de la Moda de Hyères.

■ **CIUDAD MEDIEVAL**

La villa de Hyères se desarrolló en torno al castillo construido por Pons de Fos en el siglo XI. En ella pueden descubrirse las huellas de tres murallas sucesivas y de numerosas callejuelas pintorescas que revelan un patrimonio excepcionalmente rico y diverso. Desde 2017, la ciudad de Hyères y la oficina de turismo han puesto en marcha un recorrido artístico que pretende revalorizar el centro histórico: numerosos artesanos y artistas reciben a los visitantes en sus talleres para dar a conocer sus obras y creaciones.

Giens ★★★

La antigua isla de Giens formaba parte del archipiélago de las Islas de Oro. Dos cordones de arena —tómbolos— formados por las corrientes marinas y por pequeños ríos, el Gapeau y el Roubaud, fueron aproximando el peñón de Giens a la costa. Así se formó la península. El cordón occidental no mide más cincuenta metros de ancho y está bordeado en toda su longitud por la playa del Almanarre, donde se dan cita algunos de los mejores windsurfistas y kitesurfistas del mundo. El tómbolo oriental es más ancho —doscientos metros en su parte más estrecha— y está rodeado por la playa del Capte. Entre estos dos tómbolos se encuentra el estanque de Pesquiers, una zona de salinas donde, hasta hace muy poco —1994—, aún se

© PIXEL-68 - ISTOCKPHOTO.COM

Península de Giens.

recolectaba sal. Aquí se reencuentran cada año más de 250 especies de aves.

Port-Cros ★★★★

Forma parte del archipiélago de las islas de Oro al igual que Porquerolles. Con una extensión de 4 kilómetros de largo y 2,5 kilómetros de ancho, es la más pequeña de las tres islas, con solo 10 km². Los amantes de la naturaleza quedarán encantados con su visita.

Port-Cros es uno de los siete parques nacionales de Francia. Creado en 1963, comprende las islas de Port-Cros y Bagaud, así como los islotes de La Gabinière y Rascas. También gestiona las mil hectáreas de espacios naturales de la isla de Porquerolles, el Conservatorio Botánico, el paraje de Cap Lardier y trescientas hectáreas protegidas en la península de Saint-Tropez. Además, coordina la Medpan (Mediterranean Protected Area Network), una red de espacios marinos y costeros

del Mediterráneo. Como tal, la isla está pues totalmente protegida y preservada. Situada en las rutas migratorias entre Europa y África, Port-Cros se ha convertido en la escala predilecta de más de ciento veinte especies de aves migratorias. La isla solo puede recorrerse a pie, a través de los treinta kilómetros de senderos señalizados que atraviesan el macizo forestal.

■ FUERTES ★★★

Los cinco fuertes de Port-Cros son testigos del tumultuoso pasado militar de la isla. A excepción del fuerte de Port-Man, replegado en la bahía, todos están situados a lo largo de la línea transversal de la isla, y están unidos por la única carretera asfaltada de Port-Cros. La carretera de los Fuertes, que comienza en el pueblo y termina en el fuerte de la Vigie, se construyó en el siglo XIX para transportar las piedras utilizadas en la edificación de los fuertes de la Vigie y de L'Eminence.

■ PLAYAS

▶ **La playa del Sur** es, para muchos, la mejor de la isla, y está a solo media hora a pie del pueblo.

▶ **La playa de La Palud,** punto final del sendero de las plantas, está equipada con un sendero submarino de junio a principios de octubre: una oportunidad para descubrir tanto la flora terrestre como la fauna marina. Está a unos 45 minutos a pie del pueblo.

▶ **La playa de Port-Man** está en la bahía del mismo nombre, en el extremo oriental de la isla. Se tarda una hora y media por el circuito de Port-Man, siguiendo el sendero de la costa.

■ SENDERO DE LAS PLANTAS DE PORT-CROS ⭐⭐

Este sendero permite descubrir la flora mediterránea. Recorrerás un camino que parte del fuerte del Moulin y sigue la línea de la costa, con magníficas vistas. Con una longitud de 4,4 km, se necesita aproximadamente 1 hora y 30 minutos para completarlo. Una parte del sendero es bastante exigente y escarpado: conviene llevar un buen par de zapatos. Los aficionados a la botánica pueden adquirir el folleto *Sentier des plantes* en la Casa del Parque; resulta útil para interpretar las placas numeradas.

■ SENDERO SUBMARINO ⭐⭐

Playa de La Palud
℡ 04 94 01 40 70

Un recorrido submarino señalizado, reservado exclusivamente al baño, entre el islote de Rascas y la playa de La Palud, su punto de partida. Solo necesitas aletas, máscara y tubo para realizarlo. Unas boyas, sumergidas a varios metros de profundidad, balizan el

recorrido e indican los principales puntos de observación de la fauna —más de setenta especies— y de las praderas de posidonia.

La Casa del Parque vende en el lugar guías plastificadas que se pueden sujetar a la muñeca. Es una experiencia mágica.

Porquerolles ⭐⭐⭐⭐

Es una de las islas más famosas del departamento de Var, entre otras cosas por el color del Mediterráneo, que en algunos lugares no tiene nada que envidiar al Caribe o a las islas Seychelles. A solo diez minutos en barco de la península de Giens, Porquerolles parece descansar suavemente sobre las aguas del Mediterráneo.

Porquerolles es una de las tres islas de Oro de Hyères, junto con Port-Cros y la isla del Levante. Este lugar protegido

Isla de Port-Cros.

VISITA

Playa de la Courtade.

ofrece a los visitantes unos 12,5 km^2 de naturaleza tan virgen como excepcional, gestionada por el Parque Nacional de Port-Cros desde 1971 y clasificada como «corazón del parque nacional» desde 2012.

Dotada de un único puerto, un puñado de casas particulares que se integran perfectamente en su entorno mediterráneo, unos pocos hoteles de tamaño reducido y un encantador pueblo donde, desde 1920, se concentra la mayor parte de la actividad humana y económica de la isla, esta reserva natural paradisíaca cuenta con 30 km de costa virgen y unos magníficos pinares con esencias delicadamente perfumadas, que invitan al visitante a dar un paseo fascinante y envolvente.

Descubrir esta isla exige esfuerzo: solo se puede explorar a pie o en bicicleta, siguiendo los 54 km de senderos señalizados entre tierra y mar, que conducen a los caminantes desde el bosque hasta abruptos acantilados, así como a algunas de las playas y calas más secretas y escarpadas, cuyas aguas claras, y a veces de color turquesa, son un espectáculo para la vista.

■ BAHÍA DEL LANGOUSTIER Y SUS PLAYAS ★★

Situada en el extremo occidental de la isla, la bahía de Langoustier ofrece paisajes agrestes y dos hermosas playas repartidas a ambos lados de su istmo. Al norte, una playa de arena blanca resguardada del viento se asoma a la península de Giens, mientras que la costa sur ofrece, por su parte, una atractiva playa de arena roja oscura, color que se debe en particular a las escorias vertidas en el siglo XIX por la antigua fábrica de sosa contigua. Un paseo para toda la familia.

■ FUNDACIÓN CARMIGNAC ★★★

Pista de la Courtade
✆ 04 89 29 19 73
www.fondationcarmignac.com
Situado en medio del parque nacional, este magnífico museo se organiza en

dos espacios: una masía provenzal de 2000 m² y un jardín de quince hectáreas. Los visitantes descubren en él obras de arte contemporáneo de la colección Carmignac, exposiciones temporales, un jardín de esculturas y un programa cultural.

Sorprendente: la visita se hace con los pies descalzos para estar en mayor armonía con los elementos. La museografía es excepcional y está muy lograda.

■ FUERTE DEL ALYCASTRE ★★★

Cuenta la leyenda local que un valiente caballero que naufragó en la isla de Porquerolles rescató a sus habitantes del Lycastre, una criatura mitad pez y mitad dragón con poderosas garras de tigre… La bestia dio su nombre a toda la bahía y al fuerte que la domina. Esta estructura militar catalogada fue construida bajo el reinado de Richelieu. Otra leyenda cuenta que el fuerte del Alycastre habría albergado durante dos días a la Máscara de Hierro (célebre prisionero anónimo del siglo XVII) durante su traslado a la isla de Santa Margarita, en Lerins, en la bahía de Cannes.

■ FUERTE DEL GRAND LANGOUSTIER ★★

Esta obra militar de arquitectura sorprendente domina la ensenada de Port Fay desde la punta del Grand Langoustier en la que se encuentra. Construido en la primera mitad del siglo XVII, este fuerte desempeñó un papel estratégico clave en el control de la entrada del paso que conduce a la rada de Tolón. Desafectado en 1874, está clasificado como Monumento Histórico. Fue restaurado por un aficionado en 1998 y después por el Conservatoire du Littoral (entre 2006 y 2010).

■ PLAYA D'ARGENT ★★

La playa d'Argent es la más conocida de la isla. Lugar turístico muy concurrido durante el verano, esta playa es también un espacio natural protegido en el corazón del parque nacional. Con su arena blanca y aguas cristalinas y poco profundas, uno creería estar en Las Antillas.

Bordeada por un hermoso pinar y resguardada del mistral, la playa d'Argent es una de las más bellas de la isla. Dada su popularidad entre los visitantes, que acuden en masa a darse un chapuzón, te aconsejamos llegar temprano para aprovechar al máximo el encanto de este lugar tan exótico.

■ PLAYA DE NOTRE-DAME ★★

Elegida como la más bonita de Europa en 2015, esta playa (la más grande de

© FLORENCE PIOT – STOCK.ADOBE.COM

Acantilados de la isla de Porquerolles.

VISITA

Playa de la Courtade.

la isla), rodeada por un magnífico pinar, es sencillamente espléndida. Situada al norte de Porquerolles, sus 800 metros de arena dorada y sus aguas poco profundas la convierten en un lugar mágico y casi exótico. La magia también funciona bajo el agua, de una transparencia asombrosa: te fascinará ver bancos de sargos, lenguados y salmonetes pasar a escasos metros de ti. Para disfrutar al máximo de este espectáculo, no olvides la máscara, las aletas y el tubo.

■ PUEBLO DE PORQUEROLLES

Aunque la isla ha estado ocupada desde la Antigüedad, el pueblo de Porquerolles que le ha dado nombre no se estableció hasta alrededor del año 1820. Situado al final de una rada, se desarrolló en torno a una gran plaza muy concurrida durante los meses de verano. El pueblo concentra la mayor parte de la actividad humana y económica de la isla; aquí se encuentran la mayoría de los restaurantes, heladerías, ultramarinos, empresas de alquiler de bicicletas, vendedores de frutas y verduras, etc.

Le Lavandou

Le Lavandou se ha convertido en una de las localidades turísticas más populares de la costa del departamento de Var. El pueblo está totalmente volcado hacia el mar. Su puerto puede acoger hasta 1100 embarcaciones de recreo, y sus doce playas —L'Anglade, Grande Plage, Saint-Clair, La Fossette, Aiguebelle, Jean-Blanc, L'Eléphant, Rossignol, Le Layet, Cavalière, Cap-Nègre y Pramousquier— constituyen sin duda su principal atractivo, ya que sus diferentes colores, que van del rubio claro al marrón oscuro, le han valido el sobrenombre de la «localidad costera de las doce arenas».

Puerto de Le Lavandou.

■ DOCE PLAYAS ⭐⭐

Con 12 kilómetros de litoral y 12 playas, el municipio de Le Lavandou recibe el apodo de «localidad costera de las doce arenas». Al oeste, la playa de L'Anglade marca el límite de la villa. Es una playa de arena fina, con un paseo peatonal de madera. La Grande Plage du Lavandou, en pleno centro, es muy popular: arena fina, palmeras, playas privadas con alquiler de tumbonas, chiringuitos y diversas actividades acuáticas. La playa de Saint-Clair, al este del puerto, es una auténtica perla al pie de los pinares, especialmente agradable por la mañana antes de la llegada de los veraneantes. Se puede llegar a pie por el sendero litoral en unos veinte minutos desde el puerto de Lavandou.

Siempre hacia el este, La Fossette es una pequeña lengua de arena encajada entre dos puntas rocosas. Menos concurrida que las anteriores, cuenta con un chiringuito que ofrece alquiler de tumbonas y sombrillas. Aiguebelle puede presumir de sus aguas cristalinas en la feliz armonía del mar y la arena. También dispone de algunos chiringuitos y playas privadas. La de Jean Blanc, a unos 5,5 km del centro de la localidad, es una magnífica playa con sombra, donde la arena varía entre el blanco y el plateado.

La playa del Eléphant se caracteriza por su difícil acceso. Es una playa salvaje de arena y rocas, protegida por una magnífica vegetación que le proporciona sombra. La del Rossignol, más parecida a una cala por su carácter íntimo, también destaca por su difícil acceso —¡el paraíso hay que ganárselo, dicen—. La playa de Layet, un poco más alejada, tiene una arena fina y dorada. Parcialmente sombreada, atrae durante el día a los aficionados al bronceado integral y a los nudistas.

La larga playa de Cavalière —no confundir con Cavalaire— es una de nuestras favoritas en la categoría de playas familiares. Es una hermosa playa de arena fina que se adentra suavemente en el agua. También conocida como «La Sportive», cuenta con una escuela de vela y empresas que ofrecen actividades de parasailing, jet-ski, esquí acuático, voleibol de playa… Menos frecuentada que la Grande Plage du Lavandou, la playa de la Cavalière resulta mucho más agradable.

La playa de Cap Nègre se sitúa en la prolongación de la de Cavalière. La residencia familiar de Carla Bruni-Sarkozy la domina desde lo alto. Pramousquier, la duodécima, a 8 km del centro de Le Lavandou, no tiene vistas directas a la carretera, ni la carretera a ella, lo que le confiere un aspecto ligeramente misterioso.

Bormes-les-Mimosas
⭐⭐⭐

Este pueblo medieval figura entre los lugares más bellos del departamento de Var. El nombre de Bormes-les-Mimosas se generalizó en los años 1920 y se oficializó en 1968. Más allá de la calle Carnot, puedes admirar la torre del Reloj, coronada por un campanario. En las viejas callejuelas sinuosas de nombres evocadores (Plaine-des-Anes, Roumpi-Cuou, Venelle-des-Amoureux), fíjate en la arquitectura de época y en el patrimonio del siglo XII, las poternas, los dinteles decorados, los marcos de puertas esculpidos… La mimosa, que se ha convertido en el símbolo de la ciudad, se celebra todos los años en febrero.

Cabe señalar que el fuerte Brégançon, residencia de verano del presidente de la República desde 1968, se encuentra en el municipio, en la costa, a unos diez kilómetros al sur de la ciudad.

■ CAPILLA DE NOTRE-DAME-DE-CONSTANCE

Acceso por el GR desde el pueblo. Construida en el siglo XIII sobre las ruinas de un altar galo, esta capilla lleva el nombre de Constanza de Provenza, condesa de Arlés. A 324 metros de altitud, solo se puede acceder a ella subiendo por un sendero salpicado de oratorios. Alberga una colección de vidrieras que representan la vida de Cristo. Desde la explanada, podrás admirar un magnífico paisaje con el monte Coudon

VISITA

© SERGIOPAZZANO - SHUTTERSTOCK.COM

Cabo Bénat.

y el mar Mediterráneo como telón de fondo. Una mesa de orientación te ayudará a situarte.

■ FUERTE DE BRÉGANÇON ★★

D-42D

☏ 04 94 01 38 38

10 km al sur de Bormes-les-Mimosas. El promontorio de 35 metros de altura donde hoy se alza el fuerte ha estado ocupado desde la época celto-ligur. La fortaleza, con sus dos torres, se construyó en el siglo XI. En 1964, el general de Gaulle fue el primer jefe de Estado que pernoctó en él. En 1968, decidió convertirlo en la residencia oficial de vacaciones del presidente de la República. Desde junio de 2014, el fuerte está abierto al público, que puede visitar los jardines, el despacho del Presidente, el comedor, la sala de televisión y el pequeño salón.

■ PLAYAS Y COSTA ★

Bormes cuenta con un paseo marítimo de veintidós kilómetros frente a las islas de Oro. Se puede acceder a la playa de Gouron en coche, y dejarlo en el aparcamiento gratuito de las inmediaciones. La playa de La Favière, al sur del puerto, es la más grande. La playa del fuerte de Brégançon se encuentra al pie del fuerte. La playa de Cabasson (aparcamiento de pago) se extiende detrás de las pequeñas dunas cubiertas de vegetación. El parque del Estagnol, más al oeste, cuenta con un gran pinar y con unas aguas cristalinas. La playa de Pellegrin (aparcamiento de pago) bordea una gran cala de arena y guijarros.

Fuerte de Brégançon.

© CAPUDE1957 - STOCK.ADOBE.COM

Saint-Tropez ★★★★

En pocas décadas, este pueblo de pescadores, tan apacible a principios del siglo pasado, empezó a convertirse en lugar de encuentro de artistas, escritores y pintores, antes de transformarse en punto de encuentro de la *jet-set* internacional. En verano, el pueblo se ve invadido por una avalancha de turistas en busca de sensaciones, que se agolpan en los muelles del puerto para intentar ver a una estrella en la terraza de un café o a una celebridad cómodamente sentada en la cubierta trasera de un gigantesco yate. Así que si puedes venir a Saint-Tropez fuera de temporada, no lo dudes, descubrirás y apreciarás un pueblo lleno de encanto.

■ CIUDADELA SAINT-TROPEZ – MUSEO DE HISTORIA MARÍTIMA ★

Montée de la Citadelle, 1

☏ 04 94 97 59 43

www.saint-tropez.fr/culture/citadelle

▶ **La Ciudadela corona la ciudad** desde 1589, tras las obras realizadas en la colina de Moulins, dirigidas por el mariscal de Villars. Este fortín fue destruido seis años más tarde, antes de que, a comienzos del siglo XVII, el ingeniero militar Raymond de Bonnefons realizara nuevas obras defensivas en el mismo emplazamiento. La actual torre del homenaje de la ciudadela, una torre hexagonal que rodea un patio interior al que se accede por un puente levadizo, se terminó en 1607. Algunos años después se construyó una muralla para reforzar el bastión. Durante siglos, fue el elemento defensivo más importante entre Antibes y Tolón, y sigue siendo uno de los pocos monumentos de su tamaño en la costa del departamento de Var. Durante la Primera Guerra Mundial, la ciudadela sirvió de campo de internamiento para prisioneros alemanes, antes de ser ocupada por las tropas italianas y alemanas en 1942. Tras el desembarco en las playas del Mediterráneo en agosto de 1944, la ciudadela y la ciudad fueron liberadas por las tropas aliadas y el Primer Ejército francés.

Se puede visitar la ciudadela de dos maneras: una rápida de unos 45 minutos, para contemplar el paisaje, el fuerte y recorrer el museo; o bien una visita más completa, que puede durar hasta tres horas, con dos niveles de lectura. Cada una de las 21 salas propone un tema y un relato específicos.

▶ **Museo de Historia Marítima.** La fortaleza permite a los visitantes descubrir, en su magnífico torreón, la epopeya de los marinos de Saint-Tropez en todos los mares del mundo, como las del capitán Annibal Bérard en Zanzíbar o el capitán Morello en las costas de la India. En la planta baja, los visitantes pueden conocer las actividades marítimas locales, como la pesca, la navegación costera, la construcción de torpedos o la escuela de hidrografía, que formó a cientos de capitanes en el siglo XIX. En la planta superior, el museo invita a viajar a los cuatro puntos cardinales en compañía de marineros locales: viajes a Oriente en

© LILY.13 - ISTOCKPHOTO.COM

Ciudadela de Saint-Tropez.

el siglo XVIII, expediciones a las costas de África o de la India a bordo de los grandes barcos de madera de tres mástiles del siglo XIX, y campañas alrededor del cabo de Hornos y en buques de guerra, entre otros ejemplos.

Mediante una escenografía moderna que deja mucho espacio a la interactividad, los visitantes se sumergen en una historia marítima poco conocida a través de unos trescientos objetos repartidos en veintiuna salas. El recorrido finaliza en la terraza de la torre del homenaje, con salas dedicadas a la navegación a vela y a motor, y una vista privilegiada de la región.

■ MUSEO DE LA GENDARMERÍA Y DEL CINE ⭐

Pace Blanqui, 2
℗ 04 94 55 90 20
www.saint-tropez.fr/culture/mgc/
Este museo es un homenaje a la serie de películas *El gendarme de Saint-Tropez,* protagonizadas por Louis de Funès. El Musée de la Gendarmerie et du Cinéma ocupa el edificio que albergó la brigada de gendarmería de 1879 a 2003 y que sirvió de plató para las películas. En la primera planta, podrás descubrir la historia del edificio y de la policía local, la reconstrucción de un despacho de gendarme de los años 1960 y la historia de las películas rodadas en la península. En la segunda planta, descubrirás Saint-Tropez a través del cine.

■ PLACE DES LICES ⭐⭐

Place des Lices
La plaza des Lices, escenario de encarnizadas partidas de petanca en las que se enfrentan a menudo estrellas del mundo del espectáculo, es un lugar de encuentro muy frecuentado por los habitantes de Saint-Tropez. Los martes y domingos son especialmente populares, ya que aquí se celebra un gran mercado que atrae a los visitantes de la región. Aquí podrás comprar frutas y verduras, artesanía, ropa y otros recuerdos mientras paseas entre los puestos a la sombra de los plátanos, en un ambiente animado y distendido. La mejor hora para visitarlo es por la mañana temprano, o fuera de la temporada estival.

■ PUERTO DE SAINT-TROPEZ

Capitanía marítima. Quai de l'Épi, 1
℗ 04 94 56 68 70
www.portsainttropez.com/
En pleno centro de la ciudad, este puerto pesquero y deportivo, formado por dos dársenas, es una escala muy popular fuera de temporada. Un paseo por los muelles del puerto viejo, rodeado de casas con fachadas de tonos ocres y contraventanas verde oliva, resulta imprescindible para visitar el museo de la Annonciade, instalado en una capilla del siglo XVI; admirar la estatua del bailío de Suffren, famoso vicealmirante francés, en el muelle Suffren; tomar algo fresco en la terraza de uno de los grandes cafés mientras se admiran los lujosos yates que se mecen junto al muelle; apreciar la exposición y venta permanente de pintores aficionados que han instalado sus caballetes; curiosear de tienda en tienda, a menudo instaladas en antiguos garajes de barcos, o descubrir la lonja de pescado accediendo por el pasaje situado detrás de la oficina de turismo, donde los pescadores locales venden su pesca del día.

En el extremo del puerto, al final del rompeolas Jean-Réveille, se alza la torre del Portalet, luego la cala de Glaye y la playa de Ponche, antiguo pequeño puerto reservado a los pescadores y protegido por la torre Vieille.

El puerto se construyó a finales del siglo XV, hacia 1470, por iniciativa de los habitantes, que habían decidido reorganizar el municipio con la ayuda de marineros genoveses presentes en el lugar.

Fréjus

Fréjus es a la vez una localidad turística y una ciudad de Arte e Historia. Fue fundada por Julio César en el año 49 a. C. En aquella época, estaba situada en la vía Aurelia, que unía Arlés con Génova siguiendo el curso del río Argens.

Fréjus conserva numerosos monumentos de su pasado. Entre los vestigios romanos destacan las arenas, el acueducto y el anfiteatro y el teatro, ambos del siglo I d. C. Sus principales atractivos son su patrimonio, su puerto deportivo y sus playas de arena, de seis kilómetros de longitud.

◼ CAPILLA DE NUESTRA SEÑORA DE JERUSALÉN ⭐⭐

Avenue Nicolaï – Carretera de Cannes
Barrio La Tour de Mare
☎ 04 94 53 82 47

Esta capilla, declarada Monumento Histórico el 20 de enero de 1989, se encuentra en el barrio residencial de La Tour de Mare, en el límite del macizo de L'Estérel. Impulsada por el banquero nizardo Jean Martinon, fue la última capilla diseñada por Jean Cocteau, en 1961. Murió en 1963 y no pudo terminarla. La terminó su hijo espiritual, Édouard Dermit. Los frescos interiores ilustran el tema de la Pasión de Cristo, el de las Cruzadas y el de la Orden de los Caballeros del Santo Sepulcro.

◼ CLAUSTRO DE LA CATEDRAL DE FRÉJUS ⭐⭐

Cardinal Fleury, 48
☎ 04 94 51 26 30
www.cloitre-frejus.fr

El claustro de la catedral de San Leoncio se construyó en dos fases. Un primer nivel, a ras de suelo, se edificó en el siglo XIII y, en el siglo siguiente se añadió una galería superior que dio lugar a la instalación de un artesonado de madera en la planta baja, compuesto por trescientos paneles pintados que representan escenas de la vida cotidiana, motivos religiosos y, sobre todo, un fantástico bestiario medieval. Hay un profundo pozo en el centro.

Saint-Raphaël ⭐⭐⭐

Localidad costera y turística bañada por el Mediterráneo, idealmente situada a los pies del macizo de Estérel, Saint-Raphaël está dividida en diferentes barrios que

© CHRISTIAN MULLER – STOCK.ADOBE.COM

El encantador pueblo de Grimaud.

Claustro de la catedral de Fréjus.

ofrecen una gran diversidad: el casco antiguo, el centro urbano, los puertos, Valescure, Boulouris, Dramont, Agay, Anthéor y Trayas. La ciudad se extiende a lo largo de 36 kilómetros de costa, con treinta playas de arena fina o guijarros, desde el centro urbano hasta los confines de los Alpes Marítimos.

■ AGAY ⭐

Esta pequeña localidad turística y barrio de Saint-Raphaël posee una maravillosa rada encajonada entre las puntas del cabo Dramont y La Baumette, con los impresionantes acantilados de pórfido rojo de Rastel d'Agay al fondo. Esta bahía protegida, apreciada por los marineros que fondean en ella, cuenta también con varias playas de arena. Antaño, este refugio natural era un puerto militar romano de gran importancia estratégica, muy bien resguardado.
Esta rada fue el lugar predilecto de numerosos artistas, entre ellos los escritores Guy de Maupassant y Saint-Exupéry.

■ CABO DRAMONT ⭐⭐

Este promontorio, coronado por un semáforo construido en 1860 sobre las ruinas de una torre de vigilancia de 1562 y utilizado actualmente por la Marina francesa para la vigilancia marítima, ofrece una magnífica vista del macizo del Estérel, el Mediterráneo y Saint-Raphaël. La ruta de senderismo (desnivel de 151 metros, longitud de 3,8 kilómetros), que parte del aparcamiento de la playa de Camp-Long y serpentea entre el mar y las rocas rojizas del macizo, con vistas a la isla de Oro —privatizada en 1897—, permite alcanzar el pequeño puerto de Poussaï.

■ MACIZO DEL ESTEREL ⭐⭐⭐

Entre las orillas del Mediterráneo y la Provenza calcárea, L' Estérel es un macizo volcánico de 32 000 hectáreas, 14 000 de ellas catalogadas, que data de hace 250 millones de años. Este macizo, que se extiende por cuatro municipios del departamento de Var (Fréjus, Bagnols-en-Forêt,

Les Adrets-de-l'Estérel, Saint-Raphaël) y dos de los Alpes marítimos (Théoule-sur-Mer y Mandelieu-la-Napoule), destaca por su llamativo color rojo, debido a la riolita —roca volcánica de la era primaria—, y sus escarpados acantilados que se sumergen en las aguas turquesas del Mediterráneo. Sus principales atractivos pueden explorarse a pie, a caballo, en bicicleta de montaña, escalando o en coche.

Ramatuelle ⭐ ⭐ ⭐

El pueblo de Ramatuelle, construido sobre un contrafuerte de la colina de Paillas, con una disposición en forma de caracol, domina la célebre bahía de Pampelonne, desde el cabo Pinet hasta el cabo Camarat, y la llanura agrícola salpicada de viñedos. Numerosos artesanos se han establecido en las callejuelas que parten de la plaza del Ormeau, donde se alza un olivo desde 1983. La vida cultural aquí es especialmente intensa en verano, con tres festivales: música clásica, jazz, teatro y variedades.

◼ PLAYAS DE PAMPELONNE ⭐ ⭐

La playa más famosa de Ramatuelle es sin duda la bahía de Pampelonne. Con sus 4,5 kilómetros de arena blanca y sus ocho entradas, esta legendaria playa de 27 hectáreas es el origen del mito tropeziano y ha sido clasificada como Espacio Natural Notable.

Menos conocida por el gran público, la ensenada de Bonne Terrasse era el bastión de los pescadores de Ramatuelle. Situada en el extremo sur de la playa de Pampelonne, cuenta con una franja de arena de 150 metros. Se accede por escaleras (unos 10 minutos desde el aparcamiento) y no está vigilada por socorristas.

Entre los cabos Camarat y Taillat, la playa familiar del Escalet se extiende a lo largo de unos 350 metros. Es perfecta para los amantes del esnórquel, quienes podrán explorar el fondo marino con sus máscaras y tubos. Los amantes de las pequeñas calas y ensenadas secretas pueden seguir el sendero de la costa entre la playa del

Parapente sobre el macizo del Esterel, en dirección a Saint-Raphaël.

© MICHEL FARRUGIA – STOCK.ADOBE.COM

VISITA

Escalet y el cabo Taillat para descubrir un montón de pequeños rincones mágicos. Al pie del cabo Taillat se extiende la playa de la Douane, con su arena blanca y sus magníficas vistas panorámicas.

Le Thoronet

Le Thoronet, cuyo nombre es de origen celto-ligur y que aludiría a un lugar consagrado al dios Thor, fue puesto en valor ya en época galo-romana. Enclavado en un entorno natural preservado, en el corazón del departamento de Var, este pueblo típicamente provenzal está rodeado de colinas donde predominan las encinas, los pinos, los olivos y la vid. Con su magnífica abadía cisterciense del siglo XII y su entorno, es un destino de vacaciones ideal para los amantes de la historia, el patrimonio y el senderismo.

■ **ABADÍA DE LE THORONET**
RD-79
☎ 04 94 60 43 90
Véase página 12.

Draguignan ⭐⭐

Un rico romano llamado Draconius dio su nombre a la ciudad. En aquella época, Draguignan era un importante nudo viario en el cruce de dos vías de comunicación, una que unía Fréjus con Riez y la otra Aix con Grasse. La ciudad se desarrolló siguiendo una estructura de estrella: alrededor del núcleo condal inicial, los caminos que conducían a las murallas y a las puertas de la ciudad se fueron poblando progresivamente de casas y se convirtieron en las avenidas que conocemos hoy en día. En 1797, Draguignan obtuvo la prefectura del Var, que se le negó a Tolón por haberse rendido a los ingleses en 1793. Esta promoción conllevó la construcción de un gran teatro, un palacio de justicia y una prisión. Junto con el campamento militar de Canjuers, Draguignan es hoy el mayor cuartel de Francia. En 1974, la Escuela de Formación de Artillería se trasladó aquí, y poco después se fusionaron las escuelas de artillería de Nimes y Chalons-en-Champagne. Sin embargo, perdió la prefectura de Var, que regresó a Tolón.

■ **TORRE DEL RELOJ**
Montée de l'Horloge
☎ 04 98 10 51 05
Esta magnífica torre es tan imponente que es imposible pasarla por alto. Fue construida en 1662 para sustituir a la torre del homenaje del siglo XV, que había sido demolida por orden de Mazarino. Este macizo campanario de 18 metros de altura, erigido sobre un espolón rocoso, cuenta con cuatro garitas angulares y está coronado por un campanil de hierro forjado del siglo XVII. Es uno de los principales monumentos históricos de la ciudad. A sus pies, el teatro al aire libre, muy agradable, acoge festivales y conciertos durante la temporada estival, en un entorno a la vez bucólico e histórico.

Cotignac ⭐⭐

A las puertas del Parque Natural Regional del Verdon, Cotignac está encajado al pie de un acantilado de toba de 80 m de altura y 400 m de ancho. Este monumento natural, horadado por numerosas grutas, le confiere un carácter especial. Más abajo, paseando por el pueblo y sus callejuelas adornadas con fuentes, los amantes de las piedras antiguas podrán apreciar las dos torres medievales, las ruinas del antiguo castillo de

VISITA

Le Rocher.

los Castellane, la capilla de San Martín (siglo IX), la iglesia de San Pedro (siglo XII), la torre del reloj y la casa del príncipe de Condé, ambas construidas en el siglo XV, y la puerta de la Puade, la única que se conserva de las ocho que formaban parte de las murallas del siglo XVI.

■ COURS GAMBETTA

Un pueblo provenzal, con sus callejuelas estrechas y sus casas bien cuidadas… Y un corazón animado durante todo el año, tanto en verano como en invierno. La calle central de Cotignac es el Cours Gambetta. Bordeada de plátanos y presidida por su tradicional fuente en el centro, es un lugar elegante para pasear, sentarse a tomar un café o disfrutar de una comida en uno de sus numerosos establecimientos. Este paseo desprende una atmósfera particular, ya que es aquí donde se celebra la mayoría de los eventos estivales, así como el mercado semanal y los mercadillos de antigüedades.

■ LE ROCHER

Auténtico símbolo de la localidad, el acantilado de toba de Cotignac, conocido por todos como Le Rocher, domina el pueblo con sus 80 metros de altura y 400 metros de longitud. Su ascensión permite descubrir, en los jardines del *Rocher,* un antiguo hospicio de 1314, en desuso desde 1653 y que ahora se utiliza como centro de visitantes. Una escalera en rampa conduce al *balcón,* donde hay una terraza acondicionada con una mesa de orientación y una vivienda troglodita que aún puede visitarse. Cuidado, el camino es estrecho, así que nada de carritos de bebé.

■ SANTUARIO DE NUESTRA SEÑORA DE LAS GRACIAS

Chemin de Notre-Dame, 1785
✆ 04 94 69 64 90

Al suroeste de Cotignac, en el monte Verdaille, esta capilla, construida en 1519 para conmemorar la aparición de la Virgen y que más tarde fue sede del oratorio, alberga un exvoto de mármol en recuerdo del viaje de acción de gracias de Ana de Austria y Luis XIV. También es escenario de muchas peregrinaciones importantes, entre ellas la del 8 de septiembre, que conmemora la natividad de la Virgen María.

Saint-Maximin-la-Sainte-Baume ⭐⭐

Tercer enterramiento de la cristiandad, por albergar, supuestamente, el sepulcro de María Magdalena, Saint-Maximin se presenta hoy como una gran ciudad provenzal. Su principal atractivo es su magnífica basílica, construida según la leyenda sobre la cripta de Santa María Magdalena, que fue enterrada en este lugar en el siglo I de nuestra era. La basílica está considerada el mayor edificio gótico de la Provenza.

■ BASÍLICA DE SANTA MARÍA MAGDALENA ⭐⭐⭐

Place Jean Salusse, 6
www.paroissesaintmaximin.fr

Con 73 m de longitud, 43 m de anchura y 29 m de altura, la imponente silueta del edificio gótico más grande de Provenza se divisa a kilómetros a la redonda. La decisión de construir una basílica y un convento dominico en el corazón de Saint-Maximin se tomó en 1295, tras el descubrimiento de las reliquias de Santa María Magdalena en 1279. Las obras se prolongaron hasta 1532.

La basílica consta de un ábside central poligonal flanqueado por dos torrecillas, dos absidiolos laterales, una gran nave y dieciséis capillas. En la Edad Media, el lugar donde se conservaban las reliquias de Santa María Magdalena se convirtió en un importante centro de peregrinación. Saint-Maximin pasó entonces a ser una etapa imprescindible en el camino a Santiago de Compostela.

En el interior de la basílica puede visitarse la cripta, una pequeña sala rectangular que alberga cuatro sarcófagos de mármol de finales del siglo IV: los de María Magdalena, santa Marcela, los santos Inocentes y san Sidonio.

■ MACIZO DE SAINTE-BAUME ⭐⭐

A caballo entre los departamentos de Var y Bocas del Ródano, el macizo está cubierto por un bosque excepcional que destaca por su doble orientación. Este bosque se extiende sobre 140 hectáreas a una altitud comprendida entre los 680 y los 1000 metros. Más de ciento diez especies de aves anidan en el bosque. Considerado una *reliquia,* este bosque está clasificado actualmente como reserva biológica estatal, por lo que solo se talan árboles para garantizar su regeneración.

© GÉRARD CORPET - FOTOLIA

Basílica de Santa María Magdalena.

VAUCLUSE

Aviñón ★★★★

Situada en el cruce de la Provenza y el Languedoc, y próxima al Mediterráneo, se dice que Aviñón, ciudad de arte sin igual, goza de trescientos días de sol al año… «Hija del río» o «Ciudad del viento violento», antiguo centro de los celtas y luego poderosa ciudad romana, rodeada por sus murallas, es a la vez capital espiritual, política, económica y cultural. También es una ciudad de iglesias, campanas (Rabelais la apodaba «la ciudad sonora») y órganos (los dos más famosos son el órgano dorado de Notre-Dame-des-Doms y el de Saint-Agricol).

Aviñón puede enorgullecerse de poseer un patrimonio arquitectónico y artístico excepcional, que constituye aún hoy el mayor y más hermoso conjunto gótico de Europa. También es célebre por albergar el mayor festival de teatro en vivo del mundo, que acoge cada año cientos de espectáculos y miles de espectadores. Sus museos, que albergan prestigiosas exposiciones, satisfacen las expectativas de los visitantes. La riqueza de su patrimonio histórico y la diversidad de sus eventos hacen de la ciudad un espectáculo permanente para los ojos y la mente. Su turismo fluvial ofrece cruceros de gran calidad por diversas regiones, así como por el corazón mismo de la Provenza y la Camarga.

Parte de la red de Ciudades de Arte aprobada por el Ministerio de Cultura y Patrimonio Mundial de la Unesco desde 1995, es también la capital de la Denominación de Origen Côtes-du-Rhône y de la gastronomía provenzal.

■ COLECCIÓN LAMBERT EN AVIÑÓN ★★

Violette, 5
℮ 04 90 16 56 20
www.collectionlambert.com
El arte contemporáneo, el arte minimalista, el arte conceptual y el *land art* constituyen los pilares de la colección Lambert, que reúne más de 1200 obras de artistas desde los años 1960 hasta la actualidad, que se exponen en dos palacetes del siglo XVIII, Caumont y Montfaucon. Donald Judd, Niele Toroni, Jean-Michel Basquiat, Anselm Kiefer y Christian Boltanski son algunos de los artistas que forman parte de la Donación Yvon Lambert.

Podrás disfrutar de la calidad de las colecciones permanentes y de las exposiciones temporales.

■ MUSEO CALVET ★

Palacete Villeneuve-Martignan
Joseph-Vernet, 65
℮ 04 90 86 33 84
www.musee-calvet.org
Uno de los más bellos museos de Bellas Artes de Francia, tanto por la calidad y variedad de sus colecciones como por el palacete privado que lo alberga. Nacido de la voluntad de un hombre, Esprit Calvet (1728-1810), gran coleccionista de Aviñón, el museo se ha ido enriqueciendo a lo largo de los siglos con miles de donaciones y legados de coleccionistas regionales, franceses e

VISITA

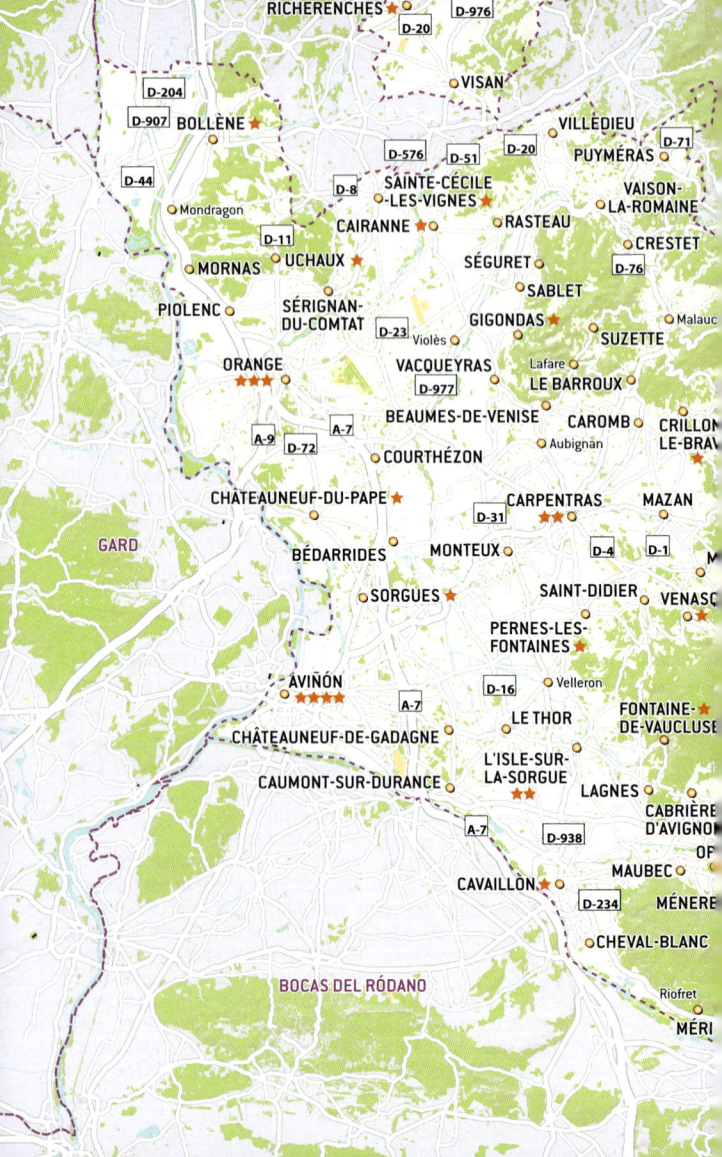

DRÔME

Brantes

D-974

★★

SAINT Aurel

D-950

D-1

SAULT ★

D-95

IRON

MONIEUX

Flaoussiers

D-96 D-943

-DU-COMTAT

Saint-Christol d'Albion

D-118

ALPES DE ALTA PROVENZA

LAGARDE-D'APT

D-60 Vévouil

MURS

AS

SAINT-SATURNIN-LÈS-APT

ROUSSILLON VILLARS RUSTREL

DES ★★★ ★★

GARGAS VIENS

CASENEUVE D-190 D-33

int-Pantaléon APT ★ SAIGNON

GOULT D-48

D-36

LACOSTE ★ Castellet-en-Luberon

-3 BONNIEUX SIVERGUES

★ D-33

CABRIÈRES-D'AIGUES D-956

VAUGINES LA BASTIDE-

DES-JOURDANS

LOURMARIN CUCURON

★★★ D-56 GRAMBOIS ★

UGET SANNES

LAURIS ★ D-120

CADENET BEAUMONT-DE-PERTUIS

ANSOUIS

D-561 ★★ D-37

VILLELAURE LA TOUR-D'AIGUES

LA BASTIDONNE D-973

PERTUIS MIRABEAU D-952

VAUCLUSE

↑ N

10 KM

italianos. Sus colecciones abarcan desde la Antigüedad hasta el arte moderno; las artes griegas, etruscas, romanas, galo-romanas y egipcias se exponen en el Museo Lapidario.

■ **MUSEO DEL PETIT PALAIS**
Palacio Arzobispal
Place du Palais des Papes
☎ 04 90 86 44 58
www.petit-palais.org
El Petit Palais es un deslumbrante ejemplo de una antigua residencia cardenalicia edificada en el siglo XIV, durante el pontificado del papa Juan XXII. Declarado Patrimonio de la Humanidad por la Unesco, es uno de los museos más destacados de Europa por sus colecciones de arte medieval y renacentista italiano. Alberga unos trescientos cuadros de los primitivos italianos, entre ellos L*a Virgen y el niño* de Botticelli, *Cristo en la columna,* de Liberale da Verona, la *Virgen con el niño,* entronizado entre dos ángeles de Vittore Crivelli, y el *Sueño de Jacob,* de Nicolas Dipre.

■ **PALACIO DE LOS PAPAS**
Place du Palais des Papes
☎ 04 90 27 50 00
Véase página 15.

■ **PLAZA DEL RELOJ**
Si hay un lugar especialmente animado en Aviñón durante todo el año, es sin duda esta plaza, con el ayuntamiento, el teatro de la ópera renovado y todo tipo de actividades: el mercado de Navidad, la presentación del primer (*primeur*) Côtes-du-Rhône y mucho más.
A la efervescencia general, especialmente durante el Festival, se suman el magnífico carrusel de época de madera y los numeroso cafés y restaurantes con terraza. En su prolongación se encuentra la plaza del Palacio de los Papas.

■ **PUENTE DE AVIÑÓN (PUENTE SAINT-BÉNEZET)**
Boulevard de la Ligne
☎ 04 32 74 32 74
www.avignon-pont.com

Vista aérea de Aviñón.

© AVIGNON TOURISME - PRODUCT AIR.FR

Puente de Aviñón.

«*On y danse, on y danse…*». El célebre puente, que se canta en todos los idiomas, data del siglo XII. Hoy solo quedan cuatro de los veintidós arcos que unían las dos orillas. Destruido y reconstruido en múltiples ocasiones, devastado tanto por la furia destructora de los soldados como por la ira del río, y abandonado definitivamente en el siglo XVII, está inscrito como Patrimonio Mundial de la Unesco. Sobre uno de los pilares se alza la capilla de Saint-Bénézet (fundador legendario del puente), coronada por la capilla de San Nicolás (patrón de los barqueros).

■ MURALLAS DE AVIÑÓN ⭐⭐⭐

Aviñón es una de las pocas ciudades francesas que ha conservado la totalidad de sus antiguas murallas (declaradas Monumento Histórico). Por ello, resulta difícil disociar la ciudad de los testimonios de su Historia.

El casco antiguo está rodeado por una muralla de entre cuatro y cinco kilómetros de encajes de piedra que datan del siglo XIV. Están flanqueadas por treinta y nueve torres y perforadas por siete puertas principales: la puerta de L'Oulle, la puerta Dominique, la puerta de San Roque, la puerta de la República, la puerta de San Miguel, la puerta Limbert y la puerta de San Carlos.

■ CALLE DE LOS TINTOREROS ⭐⭐

Denominada «calle de las ruedas».

Una de las calles más pintorescas del casco antiguo de Aviñón, apreciada como lugar de paseo por su carácter bucólico a lo largo del canal, bajo los plátanos que proporcionan algo de frescor durante los meses más cálidos. También es el corazón de un barrio muy animado, donde los cafés y restaurantes reciben a sus clientes en terrazas siempre concurridas, especialmente durante la celebración del festival. El suelo de la calle está pavimentado con guijarros del río Durance, por lo que conviene llevar calzado plano. Su nombre procede, lógicamente, de la floreciente industria textil desarrollada entre los siglos XIV y XIX.

© LAWRENCE BANAHAN – AUTHOR'S IMAGE

Canales en L'Isle-sur-la-Sorgue.

L'Isle-sur-la-Sorgue ⭐⭐

Se le llama la «Venecia de Provenza» o la «Venecia comtadina». En sus orígenes fue una ciudad de pescadores asentada en una auténtica isla en medio de las marismas, que se fueron desecando con el tiempo por la excavación de canales. Su identidad está profundamente anclada en las aguas del Sorgue, que durante siglos le proporcionaron la fuerza motriz necesaria para la industria y la artesanía. Las ruedas de paletas —cinco de las cuales siguen en funcionamiento hoy en día—, facilitaron la instalación de molinos de trigo ya en el siglo XII y la creación de talleres de lana y seda. En el siglo XIX había 62 ruedas hidráulicas en la ciudad.

Hoy en día, L'Isle se ha convertido en uno de los grandes centros mundiales del mercado de anticuarios y comerciantes de artículos de segunda mano. El primer pueblo de anticuarios se creó en 1978 y, desde entonces, la afluencia y la fama no han dejado de crecer.

Trescientos profesionales ofrecen, de sábado a lunes, muebles, objetos de arte, joyas, telas y piezas de forja en los distintos pueblos de anticuarios de la ciudad. Los domingos, las aceras se llenan de vendedores de objetos de segunda mano que despliegan sus tesoros junto a los comerciantes del gran mercado, uno de los más populares del departamento.

Orange ⭐⭐⭐

Los turistas suelen pasar deprisa por Orange. Todo depende de la estación del año y del nivel de tráfico previsto. Pero la Ciudad de los Príncipes posee mucho atractivo. Pequeñas plazas encantadoras, cafés y restaurantes a la sombra de los plátanos, calles peatonales donde los comerciantes han realizado un gran esfuerzo —sus escaparates están bien cuidados— y sobre todo, la ciudad ha sabido conservar su pequeño comercio (hay muy pocas franquicias). Es un placer recorrer a pie el corazón de la ciudad.

■ **ARCO DEL TRIUNFO**
Avenue de l'Arc de Triomphe
℡ 04 90 34 70 88
www.poptourisme.fr
Declarada Patrimonio de la Humanidad por la Unesco. Data del siglo I y era la principal puerta de entrada a la ciudad. Situado en la Vía de Agripa y dedicado a la gloria de los veteranos fundadores de la colonia romana de Orange, este monumento es una parte esencial del arte románico-provenzal. Se ve perfectamente desde lo alto de la colina. En el epitímpano, se representa una escena de combate entre la caballería romana y los bárbaros. En el lateral del monumento, unos asientos sonoros relatan la historia de los legionarios. El monumento se restauró en 2023.

■ **TEATRO ANTIGUO** ★★★★
Rue Madeleine-Roch; ℡ 04 90 51 17 60
www.theatre-antique.com
Este teatro romano es el que mejor se conserva del mundo porque ha mantenido su muro escénico (*scaenae frons*) con la elevación original (103 m de ancho, 37 m de alto y 1,80 m de espesor). Construido durante el reinado de Augusto, en el siglo I, fue desde el principio un espacio muy concurrido. Cuando el Imperio decayó, el teatro siguió el mismo destino. Se cerró en el año 391, cuando el cristianismo prohibió toda representación de obras desprovistas de carácter religioso. En el siglo XVI, se transformó en viviendas. En la actualidad, acoge cada verano las Chorégies de Orange.

Châteauneuf-du-Pape

Siempre es sorprendente observar que un pueblo tan pequeño es reconocido en todo el mundo por sus trece variedades de uva excepcionales. Los viticultores son unos virtuosos que escriben sus partituras dentro de un marco muy estricto. El reconocimiento no es nada nuevo. Comenzó en 1929 con una acción revolucionaria. El barón Pierre Le Roy de Boiseaumarié se atrevió a organizar el primer sindicato para la defensa de la denominación. Y es que el sistema de las denominaciones de origen controladas no existió hasta 1935. Este se basa en gran medida en las normas de calidad establecidas para Châteauneuf. Hoy en día, muchas bodegas del pueblo exhiben y comercializan la botella grabada, botella oficial de Châteauneuf-du-Pape, que lleva grabadas en relieve las llaves de San Pedro y la tiara papal, emblemas vinculados al papado de Aviñón. Muchas de estas bodegas te invitarán a degustar sus vinos.

Carpentras

A lo largo de los siglos, la ciudad se ha forjado una identidad fuerte y original, una identidad de capital que aún hoy puede apreciarse en su patrimonio: hermosos palacetes privados, numerosos monumentos públicos y religiosos inspirados en la arquitectura italiana, testigos del mecenazgo artístico e intelectual de los prelados, y un patrimonio de cultura judía único en Francia. Este patrimonio ha dado a Carpentras su estatus de Ciudad de Arte e Historia. Destacan la catedral de Saint-Sieffrein (construida entre 1404 y 1519) y el arco romano (alrededor del año 16 a. C.), o incluso la sinagoga (edificada en 1367), la más antigua de Francia, de la que solo se puede visitar la sala de oración.

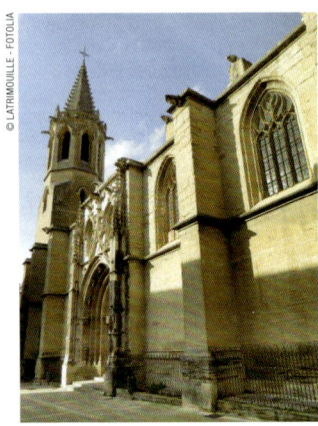

© LATRIMOUILLE - FOTOLIA

Catedral de Saint Siffrein.

■ **CATEDRAL DE SAINT SIFFREIN**
Place Saint-Siffrein, 3
☎ 04 90 63 08 33
Este hermoso edificio toma su nombre del santo patrón de la ciudad, un obispo del siglo VII. Construida en el siglo XVI, la catedral está llena de contrastes. El exterior, que acaba de ser renovado, cuida mucho la sobriedad de sus líneas y la tonalidad dorada de su piedra, mientras que en el interior se insinúan ricas decoraciones barrocas en la penumbra de las capillas, con pinturas de Mignard, Parrocel y Duplessis, un primitivo de la escuela de Aviñón y un conjunto de estatuas doradas del escultor Jacques Bernus.

■ **SINAGOGA DE CARPENTRAS**
Place Maurice-Charretier
☎ 04 90 63 39 97
www.synagoguedecarpentras.fr

Es la sinagoga en activo más antigua de Francia, construida en 1367 y declarada Monumento Histórico en 1924. Desde la época romana, siempre ha habido una comunidad judía en Carpentras. Expulsados de Francia en el siglo XIII, los judíos encontraron refugio en el condado Venaissin. Tras su modesta fachada de 1909, la sinagoga esconde un tesoro. En la planta baja y en el sótano se encuentra el *mikve* (donde se realizan los baños de purificación que prescribe el judaísmo), así como la panadería y los hornos.

Bédoin ★★

Bédoin es un gran pueblo a los pies del monte Ventoux. Es tierra de productores de vino, fruta y espárragos. También constituye un cruce estratégico para todos los aficionados de la célebre ruta del monte Ventoux. Es la más difícil de las rutas, y te cruzarás con bicicletas, motos y, por supuesto, coches.
La iglesia de San Pedro, con su fachada de estilo jesuita, domina el pueblo. Y en la pequeña capilla de Nuestra Señora de Nazaret podrás admirar un hermoso retablo de madera dorada.
Si quieres disfrutar de una vista excepcional de todo el pueblo y sus alrededores, sube a la colina de Saint-Antonin. El municipio posee además uno de los mayores bosques estatales de Francia, clasificado como Reserva de la Biosfera, que se extiende a lo largo de unas 6300 hectáreas.

■ **MONTE VENTOUX**
D-947
Malaucène
Véase página 16.

Vaison-la-Romaine

Cerca del macizo montañoso de las Dentelles du Montmirail, la villa de Vaison-la-Romaine, rodeada de campos de olivos y viñedos, ofrece la posibilidad de realizar verdaderos saltos en el tiempo, desde la Antigüedad hasta nuestros días, pasando por la época medieval.

Su amplio yacimiento arqueológico al aire libre permite adentrarse en la época en la que la ciudad romana contaba con villas, un teatro, termas, tiendas… a través de los yacimientos de Puymin, de la Vilasse y del puente Romano. También podrás descubrir el periodo medieval, una época convulsa en la que los habitantes buscaban refugio tras las murallas del castillo fortificado, en la orilla izquierda del río Ouvèze. La catedral de Notre-Dame de Nazareth y su claustro son testigos de esta época.

■ CLAUSTRO DE LA CATEDRAL

Al norte de la catedral de Santa María de Nazaret, el claustro fue construido en la segunda mitad del siglo XII para los canónigos regulares. Presenta grandes arcadas apoyadas sobre robustos pilares y capiteles esculpidos con decoraciones muy finas y variadas.

En su interior se conservan algunos elementos enigmáticos: un rostro de estilo bizantino, grabados y un sarcófago de mármol. El jardín permite contemplar desde un ángulo privilegiado el lateral de la catedral y su friso. El acceso al claustro se realiza desde el interior de la catedral.

Gordes

Desde lo alto de su promontorio rocoso, Gordes, pequeña villa fortifi-cada de origen galo-romano, domina todo el valle del Calavon. En lo alto del pueblo, la iglesia de San Fermín y el castillo destacan sobre las siluetas de las casas de piedra. Cuidadosamente conservadas, varias calles empedradas serpentean entre las altas viviendas, donde se descubren techos abovedados, puertas antiguas, terrazas y magníficos jardines. Gordes, considerado uno de los pueblos más bonitos de Francia, es también uno de los destinos turísticos más frecuentados del departamento.

■ ABADÍA DE NOTRE-DAME DE SÉNANQUE

Carretera de Sénanque
✆ 04 90 72 17 92;www.senanque.fr

La abadía de Sénanque fue fundada en 1148 por monjes cistercienses procedentes de la abadía de Mazan, en Ardèche. La iglesia fue consagrada treinta años más tarde por el obispo de Cavaillon. En los siglos XIII y XIV, conoció un período de prosperidad económica e influencia espiritual. Sin embargo, fue devastada durante las Guerras de Religión, y durante la Revolución francesa fue vendida como bien nacional. Fue readquirida en 1854 por Dom Barnouin, quien restableció allí una comunidad de monjes cistercienses de la Inmaculada Concepción. A comienzos del siglo XX, los monjes fueron expulsados por las leyes anticlericales. La vida comunitaria no se reanudó hasta 1926.

En 1969, los monjes se trasladaron a la casa madre en la isla de Saint-Honorat de Lérins, y regresaron nuevamente a Sénanque en 1988. Aquí reparten su tiempo entre la oración, el trabajo (cultivo de lavanda) y la tradicional hospitalidad benedictina.

VISITA

© PHIL. GOOD - FOTOLIA

Abadía de Notre-Dame de Sénanque.

La abadía se encuentra en un paraje natural especialmente agradable para la visita. Tiene vistas a varios campos de lavandín, cuyos colores resplandecientes durante la época de floración realzan la sobriedad arquitectónica de los edificios monásticos. No es raro que los pintores instalen sus caballetes para inmortalizar la escena. Aunque sigue en activo, el monasterio abre varias veces al día, a horas fijas, para recibir a los visitantes.

■ BODEGAS DEL PALACIO SAINT-FIRMIN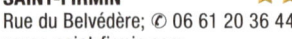

Rue du Belvédère; ✆ 06 61 20 36 44
caves-saint-firmin.com
En el centro del pueblo, en una casa renacentista, hay bodegas bajo el palacio. Albergaron en su día un molino de aceite, cisternas, silos, cubas de vino y una capilla. No esperes recorrer largos pasadizos subterráneos: todo es muy pequeño. También hay un vídeo en 3D y un cuaderno-juego para los niños. Además, se pueden visitar los jardines. El programa incluye visitas insólitas.

■ CASTILLO DE GORDES

✆ 04 90 72 98 64
www.gordes-village.com
Al llegar a Gordes, a tu derecha, la mirada se detiene en el imponente castillo de estilo renacentista, muy bien conservado. Este, desde su atalaya, protegía antiguamente a los habitantes del pueblo. El castillo, reconstruido en 1525, ya existía en 1031. Fuertemente defendido por grandes torres redondas cuya corona de matacanes sostiene una terraza destinada a la artillería, sus altos muros están perforados por tres niveles de ventanas renacentistas. La fachada sur se abre frente al viejo Gordes. En el recinto del castillo se celebran cada año una o dos grandes exposiciones.

■ MUSEO DEL VIDRIO Y DEL VITRAL

Carretera de Saint-Pantaléon, 1953
✆ 07 83 99 09 82
www.musee-verre-vitrail.fr
Este museo se creó en 1975 a partir de una colección de vidrieras realizadas por

Frédérique Duran, maestra vidriera de gran talento. La artista, que vivió aquí, nos dejó en mayo de 2025. Concibió íntegramente este lugar, desde la galería de exposiciones hasta el jardín en el que están instaladas sus obras monumentales. El museo alberga también una excepcional colección de objetos artísticos, utilitarios y científicos que recorren siete milenios de historia del vidrio. El museo permanece cerrado hasta nuevo aviso.

■ **VILLAGE DES BORIES** ★ ★ ★

Camino del Village des Bories, 1570
℡ 04 90 72 03 48
www.levillagedesbories.com
El Village des Bories se encuentra al oeste de Gordes, a 270 metros de altitud, en las laderas de los montes de Vaucluse. Es un lugar lleno de misterio que ha fascinado a muchos investigadores. Pasear por sus primitivas calles, enmarcadas por macizas construcciones con muros de hasta un metro de grosor, sumerge al visitante en el corazón de la intriga. El término *borie* utilizado hoy en francés es el equivalente del provenzal *bori*, que significa «choza, casucha», y procede del medieval *boveria*, *boria*, que significa «establo para bueyes». Es difícil datar las casas del pueblo. Se sabe que este tipo de cabaña se remonta a la Edad de Bronce, pero se dispone de poca información sobre el Village des Bories. Algunos afirman que data del siglo VII, mientras que otros creen que el pueblo no pudo construirse antes del siglo XV. Esta última es la teoría más extendida. También es probable que el lugar fuera habitado varias veces, en épocas diferentes. Las casas de este poblado fueron seguramente utilizadas de forma temporal durante las labores agrícolas estacionales, como demuestra la ausencia de cementerio o lugar de culto. Aunque estas cabañas puedan parecer sencillas a primera vista, en realidad son auténticas proezas arquitectónicas. Las *bories* se construyeron sin mortero ni cemento: con cada hilada, las piedras se inclinan progresivamente hacia el interior creando una falsa

VISITA

© BERTL123 - ISTOCKPHOTO

Gordes.

bóveda por aproximación. En el pueblo hay 29 *bories*. Estas cabañas están organizadas en siete grupos distintos, cada uno con una función muy específica. Hay apriscos, graneros y establos, por ejemplo, que amplían las funciones atribuidas a estas construcciones. A lo largo del tiempo, las *bories* han servido de refugio no solo para los pastores y sus rebaños, sino también para las herramientas y las cosechas de semillas, e incluso algunas se han convertido en casas de vacaciones.

Merece la pena realizar una visita guiada para conocer la historia de estas misteriosas viviendas. Sin embargo, también es posible realizar una visita autoguiada. Al Village des Bories se llega siguiendo un sendero que atraviesa el corazón de la garriga, cuya exuberante vegetación contrasta con la sobriedad de las cabañas de piedra seca, creando un marco único. Hoy en día, el lugar pertenece al municipio de Gordes y es uno de los más visitados del departamento de Vaucluse.

A dos pasos de Gordes y no lejos de la abadía de Notre-Dame de Sénanque, con sus espléndidos campos de lavanda, el Village des Bories es una de las visitas obligadas de la región.

Oppède

Oppède, una de las joyas de la corona del Luberon, está formado por dos núcleos que se reparten alternativamente la capitalidad del cantón: Oppède-le-Vieux, en la parte alta, y la aldea de Poulivets, en la llanura, que se ha convertido en el nuevo bourg.

Territorio agrícola dominado por el viñedo, la actividad económica de Oppède incluye también la explotación de canteras de piedra de renombre internacional. Convertido en pueblo de artistas desde la Segunda Guerra Mundial, el casco antiguo ha emprendido numerosos esfuerzos para conservar su patrimonio.

Roussillon

Clasificado como uno de los pueblos más bonitos de Francia, Roussillon atrae a los turistas que vienen a admirar sus impresionantes canteras de ocre. Los amarillos, rojos y ocres contrastan con el verde de los aromáticos pinares, bajo una luz singular filtrada por un cielo casi siempre de un azul intenso. Te encuentras en el corazón de la mayor cantera de ocre del mundo.

En cuanto al pueblo, su encanto es evidente: callejuelas y pequeñas plazas pintorescas y casas de tonos variados que juegan con la rica paleta de los ocres. Numerosos artesanos y galerías de artistas dinamizan esta pequeña localidad, muy concurrida en verano.

■ SENDERO DE LOS OCRES ★★★
☏ 04 90 05 60 25

Este paseo por las antiguas canteras de ocre de Roussillon, donde el hombre y la naturaleza se han aliado para crear un paisaje totalmente irreal, garantiza una experiencia totalmente diferente. Desde el pueblo parten dos itinerarios, de treinta y cincuenta minutos. Elijas el que elijas, deambularás entre colinas y pequeños valles, en un entorno que despliega una gama cromática que va del amarillo pálido al rojo intenso. Un colorido cuento de hadas en el que los paisajes parecen llegados de otro mundo, de otro planeta.

© HOCQUEL ALAIN – COLL. CDT VAUCLUSE

Lourmarin.

Lourmarin

Reconocido como uno de los pueblos más bonitos de Francia, es el lugar predilecto de muchos artistas. Albert Camus (1913-1960) y Henri Bosco (1888-1976) están enterrados en su pequeño cementerio. Al pasear por las callejuelas que convergen en la colina del *castella* (el castillo original, del que solo quedan los cimientos), podrás ver la casa del escritor. Entre el pueblo y el castillo se alza uno de los templos protestantes más importantes de la región. La localidad también es conocida como el «pueblo de los tres campanarios» (el del templo, el de la iglesia católica y el de la torre).

■ CASTILLO DE LOURMARIN
Avenue Laurent Vibert, 2
☎ 04 90 68 15 23
chateaudelourmarin.com
El castillo de Lourmarin forma parte de los tres castillos de la ruta de los castillos del sur del Luberon, junto con el de Ansouis y La Tour d'Aigues. Estos castillos fueron construidos por las poderosas familias de los condes de Forcalquier. Una parte de este magnífico edificio data del siglo XV, mientras que la otra fue construida a mediados del XVI, en los inicios del Renacimiento. La visita es libre. Para las familias, hay una búsqueda del tesoro gratuita para que niños y adultos descubran el lugar de forma divertida. Numerosos paneles explicativos acompañan el recorrido.

Ansouis

Catalogado como uno de los pueblos más bonitos de Francia, Ansouis es un auténtico museo al aire libre. Su castillo renacentista, declarado Monumento Histórico, está construido sobre los cimientos de una fortaleza medieval. Hasta hace poco, el castillo pertenecía todavía a la familia Sabran-Pontevès.

Es fácil perderse por las callejuelas del pueblo, descubriendo los tesoros de uno de los patrimonios históricos más ricos de la Provenza. La iglesia parroquial de San Martín, declarada Monumento Histórico en 1925, es un edificio de gran solidez: apenas ha sufrido intervenciones, más allá de algunos reajustes y refuerzos puntuales.

■ CASTILLO DE ANSOUIS ⭐

✆ 04 90 77 23 36
www.chateauansouis.fr

Aunque en el departamento de Vaucluse hay muchos castillos, el de Ansouis, erigido a finales del siglo X, es uno de los más bellos. Fue declarado Monumento Histórico en 1948. Reformado en varias ocasiones, conserva su torre del homenaje y las torrecillas propias de una fortaleza; las murallas están provistas de almenas y matacanes. Los jardines a la francesa son especialmente notables. La vista desde la terraza es magnífica. Desde 2008, una nueva familia ha tomado el relevo de la familia Sabran-Pontévès, propietaria de la fortaleza desde el siglo XII. Frédérique y Gérard Rousset-Rouvière han vuelto a amueblar las salas y los salones.

■ MUSEO DE ARTES Y OFICIOS DEL VINO ⭐

Carretera de Pertuis
✆ 04 90 09 83 33
www.chateau-turcan.com

Este magnífico museo presenta, en 1300 m², más de 3000 herramientas y equipos vinculados a la viticultura y la tonelería. Constituye un verdadero conservatorio patrimonial, con prensas monumentales, entre ellas una pieza única de catorce toneladas, fechada en el siglo XIV y clasificada como Monumento Histórico.

Entre los cinco espacios expositivos, destaca la sala dedicada a la cristalería artística, que merece una atención especial: aquí se exhiben preciosos frascos, decantadores y copas talladas, en un recorrido por la historia del vidrio y del vino.

Rustrel ⭐⭐

Adosado a los montes de Vaucluse, el pueblo —dominado por su castillo del siglo XVII y su iglesia del siglo XVI— revela al sur el *Colorado Provenzal,* con sus mil tonalidades. Al recorrerlo, se accede a un sitio privado cuya singular belleza es fruto del trabajo realizado por cuatro generaciones de ocreros y campesinos.

También merece la pena descubrir el sendero de los carboneros, donde aún se distinguen las huellas de la actividad forestal y de la producción de carbón vegetal (se sale desde el centro del pueblo).

■ COLORADO PROVENZAL ⭐⭐

D-22; ✆ 04 90 04 96 07
www.coloradoprovencal.fr

En el sureste del pueblo.

Roussillon no es el único pueblo que posee su *Colorado provenzal.* El de Rustrel constituye, sin duda, un enclave de primer orden. Clasificada como Monumento Histórico, esta antigua cantera de ocres —cerrada en 1993— es un testimonio privilegiado tanto de la historia geológica de la región como de su pasado industrial. Abierta en 1871, dio sustento a numerosas familias, hasta que, a comienzos del siglo XX, la aparición de los colorantes industriales y la crisis de 1929 provocaron su declive y pusieron fin a esta actividad.

INFO PRÁCTICA

Rebecos en el Parque Nacional del Mercantour.
© DAVIDODU - STOCK.ADOBE.COM

CÓMO LLEGAR

Desde España, se puede volar a Marsella desde los principales aeropuertos. También es posible viajar desde Barcelona en tren a las estaciones de Marsella (4,5-5 h) y Aviñón (4 h).

En avión

■ **AEROPUERTO INTERNATIONAL MARSEILLE-PROVENCE**
Marignane
℗ 08 20 81 14 14
www.marseille.aeroport.fr
Un autobús conecta con Marsella en unos veinte minutos, con salida frente a la Terminal 2. Tren hacia Marsella desde la estación Vitrolles Aéroport.

Callejuelas de Saint-Tropez.

© XTRAVAGANT – STOCK.ADOBE.COM

A veinte minutos de Marsella, bien comunicado mediante un servicio de lanzadera desde la estación, el aeropuerto Marsella-Provenza es la mejor opción para volar desde España, pues hay vuelos diarios desde los principales aeropuertos (Barcelona, Madrid, Málaga, Sevilla, Alicante), aunque algunos de ellos pueden ser temporales. Además de Iberia o Vueling, también operan Ryanair y Volotea.

En tren

■ **ESTACIÓN DE AVIÑÓN TGV**
Place de l'Europe, Aviñón
℗ 3635; www.sncf.com
Esta estación de TGV, situada a 6 km del centro de la ciudad, garantiza conexiones entre las principales ciudades de la Provenza, así como con otras regiones. También está comunicada por trenes TER PACA con origen y destino Aviñón-Centro.

■ **ESTACIÓN DE MARSELLA SAINT-CHARLES**
Square Narvik, Marsella
℗ 3635
www.gares-sncf.com/fr/gare/frmsc/marseille-saint-charles
Metro M1 o M2 Saint-Charles
La estación está situada en pleno corazón de la ciudad, a pocos minutos a pie de La Canebière. Además de las conexiones con España, desde aquí se puede viajar a cualquier punto de la Provenza o Francia.

ORGANIZAR EL VIAJE

◼ Dinero

▶ **Moneda:** euro.

▶ **Coste de la vida:** en general, el coste de vida en Francia es más alto que en España. Esto es especialmente cierto en las grandes ciudades y los destinos turísticos más populares de la Provenza, donde los precios son elevados. Los precios bajan considerablemente en el interior y en las localidades más pequeñas.

▶ **Medios de pago:** como Francia es un país de la eurozona, puedes retirar y pagar con tarjeta bancaria igual que en España. No necesitas llevar grandes cantidades de efectivo. Todos tus pagos se pueden realizar con tarjeta o directamente desde tu móvil.

▶ **Propinas:** en teoría, el servicio está incluido en la cuenta. Sin embargo, es costumbre dejar una pequeña propina, como en España, sobre todo si el servicio fue satisfactorio.

Equipaje

Si planeas hacer senderismo en alguna de las montañas de la región, equípate con ropa técnica (e incluso capas más abrigadas en temporada media) y un buen calzado de montaña. De lo contrario, recuerda que en verano el sol es abrasador, tanto en el interior como en la costa. Así que no te vayas sin protector solar, bañador y sombrero.

Electricidad

Francia utiliza 220 voltios, por lo que no necesita adaptador. Además, utiliza el mismo sistema métrico que el resto de Europa continental.

QUÉ HACER / QUÉ NO HACER

Qué hacer

▶ **Visitar** los pueblos en las colinas y pasear con calma por sus estrechas calles.

▶ **Probar** las especialidades locales en los mercados y pequeños restaurantes.

▶ **Explorar** la naturaleza a pie o en bicicleta para descubrir los paisajes típicos.

Qué no hacer

▶ **Viajar** en temporada alta sin reservar alojamiento con antelación.

▶ **Subestimar** el calor del verano y olvidarse de hidratarse.

▶ **Limitarse** a las grandes ciudades sin explorar la campiña provenzal.

Formalidades

Para los ciudadanos de la UE, un documento de identidad es suficiente para entrar en Francia.

Idiomas

El francés es el idioma oficial de la República Francesa. Se utiliza en la administración, la educación, los medios de comunicación y la vida pública.

Cuándo ir

La Provenza se visita mejor en primavera y principios de otoño. Entre abril y junio, el clima es templado, la naturaleza está en plena floración y hay pocos turistas, lo que permite disfrutar plenamente de los pueblos, mercados y rutas de senderismo. El verano ofrece un sol radiante y la famosa floración de la lavanda en julio, pero se caracteriza por una gran afluencia de turistas y un calor intenso. En septiembre y octubre, la región recupera su tranquilidad, con temperaturas agradables, tanto en el aire como en el mar. El invierno es más tranquilo y algunas actividades son limitadas.

Salud

Es poco probable que tengas problemas de salud al viajar a Francia. Sin embargo, asegúrate de tener tus vacunas al día.

Seguridad

▶ **Viajero con discapacidad:** numerosos monumentos, museos, espacios culturales y playas de Provenza cuentan con accesos adaptados. No obstante, algunos edificios históricos pueden presentar limitaciones estructurales. Se recomienda verificar con antelación la accesibilidad de alojamientos, transportes y visitas.

▶ **Viajero gay o lesbiana:** Provenza es en general una región acogedora y respetuosa, particularmente en las áreas urbanas y turísticas. Las ciudades principales ofrecen un entorno abierto y diversos eventos culturales donde la comunidad LGBTQ+ es bienvenida.

▶ **Viajero con niños:** la región propone numerosas actividades familiares, como visitas a monumentos y museos, espacios naturales y, cómo no, las playas, llenas de propuestas para niños. Las distancias entre localidades son relativamente cortas, lo que facilita los desplazamientos en familia.

▶ **Mujer sola:** viajar sola por Provenza es seguro, especialmente en zonas turísticas y centros urbanos. Como en cualquier destino, se aconseja evitar áreas aisladas durante la noche y mantener las precauciones básicas.

Teléfono

▶ **Prefijo telefónico:** +33.

▶ **Llamar desde España a Francia:** 00 + 33 + indicativo regional sin el cero + las 8 cifras del número local.

▶ **Llamar desde Francia a España:** 00 + 34 + las 9 cifras del número local.

ÍNDICE DE CONTENIDOS

Macizo del Estérel.
©STEVANZZ – SHUTTERSTOCK.COM

EDICIÓN

Coordinación de la colección:
ALHENAMEDIA, Stéphan SZEREMETA, Dominique AUZIAS y Jean-Paul LABOURDETTE

Autores: Baptiste THARREAU, Noëlle MOUSKA, Gérard BERNAR, Noël FANTONI, Mélodie MARCQ, Anthony SEREX, Pauline PRATELLI-RUGIERO, Sandrine DUMAS, Céline ANSELMO, Marie Pierre CREON, Valérie PELLIGRINI, Marjorie MODI, Elodie CABRERA, Jean-Paul LABOURDETTE, Dominique AUZIAS y otros

Director editorial: Francisco BARGIELA

Editora: Elena CODINA

Traducción y corrección: Almudena RUIZ, ALHENAMEDIA

DISEÑO Y DIAGRAMACIÓN

Maquetación y montaje: María de los Llanos ZOTES, Romain AUDREN, Julie BORDES, Delphine PAGANO

Iconografía y cartografía: Anne DIOT, Julien DOUCET

AUTORES Y CREADORES DE LA COLECCIÓN

Dominique AUZIAS y JEAN-PAUL LABOURDETTE

© Textos: Dominique AUZIAS y Jean-Paul LABOURDETTE

© Mapas: Petit Futé

© Edición en español: Alhena Fábrica de Contenidos y Petit Futé

© Traducción: Alhena Fábrica de Contenidos y Petit Futé

Editado por **Alhenamedia** conjuntamente con **Les Nouvelles Editions de l'Université**, 18, rue des Volontaires, París, Francia.

Publicado originalmente en francés por Les Nouvelles Editions de l'Université bajo el título *Provence.*

■ **CARNET DE VIAJE PROVENZA** ■

ALHENAMEDIA

C/ Rabassa, 54, local 1. 08024 Barcelona

Tel. +34 934 518 437

alhenamedia@alhenamedia.info

www.alhenamedia.info

Cubierta: *Pueblo de Aurel, en Vaucluse.*
© *Serbek - iStockphoto.com.*

ISBN: 978-84-18086-78-6

Depósito legal: B-5901-2026

Impreso en España por Gráficas Lidergraf

EU Ecolabel
www.ecolabel.eu

EU Ecolabel: PT/053/001

RECOJA Y RECICLE
EL PAPEL USADO